Das bayerische
Kosten- und Stempelgesetz

vom 21. August 1914.

Mit den Ausführungsbestimmungen und einem alphabetischen Register.

1915

München, Berlin und Leipzig

J. Schweitzer Verlag (Arthur Sellier).

Druck von Dr. F. P. Datterer & Cie. (Arthur Sellier) München-Freising.

Einleitung.

Durch das Gesetz vom 21. August 1914 (GVBl. S. 437) wurde das bayerische Gebührengesetz in eine völlig veränderte Form gebracht. Aus dem Gebührengesetz wurden alle diejenigen Bestimmungen herausgenommen und in einem eigenen Gesetze zusammengefaßt, die sich auf Abgaben bezogen, die nicht die Natur von Gegenleistungen für die Tätigkeit von staatlichen Behörden haben, sondern als Steuern des Rechtsverkehrs aufzufassen sind. Letzteres Gesetz erhielt die Bezeichnung Stempelgesetz. Es zerfällt wiederum in das eigentliche Stempelgesetz, das die allgemeinen Bestimmungen über die Stempelabgaben sowie die Bestimmungen über die Stempelersatzabgaben, seither Besitzveränderungsgebühren und Gebührenäquivalente genannt, enthält und in den Stempeltarif, der die einzelnen Rechtsgeschäfte und deren Besteuerungsweise in alphabetischer Ordnung aufführt. Der nach Ausscheidung dieser Bestimmungen verbliebene Rest des seitherigen Gebührengesetzes erhielt den Namen Kostengesetz. Den beiden Gesetzen wurde ein kurzes Einführungsgesetz, Mantelgesetz, vorausgeschickt, das einige Artikel des seitherigen Gebührengesetzes aufrecht erhält und einige Übergangsvorschriften enthält.

Mit dieser völligen Umgestaltung der Form sollte nach dem Entwurfe des Gesetzes auch eine erhebliche Ausdehnung der Abgabepflicht auf fast sämtliche Akte des Rechtsverkehrs Hand in Hand gehen. Diese Erweiterung der Steuerpflicht fand jedoch, von wenigen Ausnahmen abgesehen, nicht die Genehmigung des Landtags. Von den beabsichtigten Abgaben-Neueinführungen ist eigentlich nur die Tarif-Nr. 11, Automaten und Musikwerke und die Besteuerung der Privatvollmachten, Tarif-Nr. 43, Gesetz geworden. Bringt daher auch das Kosten- und Stempelgesetz im wesentlichen nur das in veränderter Form wieder, was bereits nach dem seitherigen Gebührengesetz Rechtens war, so sind doch die minder wesentlichen Änderungen, die die Bestimmungen dieser Gesetze erfahren haben, so zahlreich, daß es den Rahmen einer kurzen Einleitung weit überschreiten würde, sie einzeln aufzuführen. Es sei daher nur auf die beiden wichtigsten dieser Änderungen, die Einführung einer Erbenermittlungsgebühr in Art. 93 KG. und den Ausbau der Besteuerung der Familienfideikommisse und ähnlicher Vermögens-Komplexe in Tarif-Nr. 20, kurz hingewiesen.

In der allgemeinen Form und zum Teil auch in der Fassung einzelner Bestimmungen schließen sich Stempelgesetz und Stempeltarif dem preußischen Stempelgesetz an.

Das Gesetz ist am 1. Januar 1915 in Kraft getreten.

Zum Kostengesetz und zum Stempelgesetz ist unterm 28. Dezember 1914 (GVBl. S. 677 u. 684) je eine kurze Vollzugsvorschrift erschienen, die eine (nicht sehr erhebliche) Ausdehnung der Stempelmarkenverwendung bringen, sonst aber im wesentlichen nur den Inhalt der Verordnung vom 23. Dezember 1899 (GVBl. S. 1223), vom 15. September 1879 (GVBl. S. 1171) und vom 20. September 1879 (GVBl. S. 1187) in veränderter Fassung wiederholen.

Die weiter ergangene Vollzugsbekanntmachung vom 23. Dezember 1914 enthält Übergangsbestimmungen für Erhebung und Verrechnung der neu eingeführten Stempelabgabe.

Inhaltsverzeichnis.

Abkürzungen.

K = Kostengesetz.
M = Gesetz über Änderungen im Gebührenwesen vom 21. August 1914 (Mantelgesetz).
St = Stempelgesetz.
T = Tarif des Stempelgesetzes.
VB = Vollzugsbekanntmachung vom 23. Dezember 1914 zum Kosten- und Stempelgesetz.
VK = Vollzugsverordnung vom 28. Dezember 1914 zum Kostengesetz und Reichs-Gerichtskostengesetz.
VSt = Vollzugsverordnung vom 28. Dezember 1914 zum Stempelgesetz.

II. Abteilung.

Bürgerliche Rechtsstreitigkeiten.

I. Abschnitt.

Zwangsversteigerung und Zwangsverwaltung.

Art. 7. I Im Verfahren der Zwangsversteigerung und der Zwangsverwaltung von Gegenständen des unbeweglichen Vermögens im Wege der Zwangsvollstreckung finden die Vorschriften des Reichs-Gerichtskostengesetzes und die besonderen Vorschriften der Art. 8 bis 18 Anwendung.

II Die Pauschsätze nach § 80b des Reichs-Gerichtskostengesetzes werden nur aus den bei Gericht zum Ansatze gelangenden Gebühren berechnet. Wegen der Erhebung von baren Auslagen in dem Verfahren vor dem Notar finden die Vorschriften der Art. 37 bis 41 entsprechende Anwendung.

Art. 8. I Für die Entscheidung einschließlich des vorangegangenen Verfahrens über den Antrag auf Anordnung der Zwangsversteigerung oder der Zwangsverwaltung werden zwei Zehnteile der Sätze des § 8 des Reichs-Gerichtskostengesetzes erhoben.

II Diese Gebühr wird auf die Gebühr nach Art. 9, 10 angerechnet.

Art. 9. I Im Verfahren der Zwangsversteigerung werden erhoben:

1. für das Verfahren bis zur Einleitung des Verteilungsverfahrens fünf Zehnteile und, wenn das Verfahren vor der Erteilung des Zuschlags erledigt wird, drei Zehnteile der Sätze des § 8 des Reichs-Gerichtskostengesetzes;
2. für das Verteilungsverfahren fünf Zehnteile jener Sätze. Findet nach § 144 des Gesetzes über die Zwangsversteigerung und die Zwangsverwaltung ein Verteilungsverfahren nicht statt oder wird nach § 143 des Gesetzes über die Zwangsversteigerung und die Zwangsverwaltung das Verteilungsverfahren nach der Bestimmung des

Verteilungstermins, aber vor dem Beginne des Verteilungstermins eingestellt, so werden drei Zehnteile der Sätze des § 8 des Reichs-Gerichtskostengesetzes erhoben.

II Die im Abs. 1 bestimmten Gebühren werden im Falle der Erteilung des Zuschlags nach dem Meistgebot, in den übrigen Fällen nach dem Werte des Gegenstandes der Zwangsversteigerung berechnet.

III Mehrere Meistgebote oder Werte von Gegenständen der Zwangsversteigerung sind zusammenzurechnen.

IV Ist der Betrag der Forderungen, die aus dem Meistgebote zu befriedigen sind, geringer als dieses oder ist der Betrag der Forderungen, wegen deren die Zwangsversteigerung angeordnet ist, geringer als der Wert des Gegenstandes der Zwangsversteigerung, so wird die Gebühr aus der Summe der Forderungen berechnet.

V Für die Entscheidung über Anträge auf Änderung einer Entscheidung des Versteigerungsbeamten gilt § 45 Abs. 2 des Reichs-Gerichtskostengesetzes entsprechend. Den Wert des Streitgegenstandes bestimmt das Gericht nach freiem Ermessen.

Art. 10. I Im Verfahren der Zwangsverwaltung werden erhoben:

1. der volle Betrag, wenn aber das Verfahren vor dem zur Aufstellung des Teilungsplans bestimmten Termin erledigt wird, fünf Zehnteile der Sätze des § 8 des Reichs-Gerichtskostengesetzes;
2. wenn das Verfahren länger als ein Jahr dauert, für jedes weitere Verwaltungsjahr fünf Zehnteile jener Sätze; dabei wird das angefangene Kalenderjahr am Anfange des Verfahrens voll gerechnet, das angefangene Kalenderjahr am Schlusse des Verfahrens nicht berücksichtigt.

II Die Berechnung dieser Gebühren erfolgt:

zu 1. aus dem Werte der Forderung, für welche die Beschlagnahme erwirkt worden ist,

zu 2. aus dem Betrage, der in jedem Verwaltungsjahre zur Verteilung an die Gläubiger gelangt.

Art. 11. I Für die Entscheidung über den Antrag auf Bestimmung eines neuen Versteigerungstermins (§ 85 des Gesetzes über die Zwangsversteigerung und die Zwangsverwaltung) werden zwei Zehnteile der Sätze des § 8 des Reichs-Gerichtskostengesetzes besonders erhoben.

II Die Berechnung der Gebühr erfolgt, sofern dem Antrage stattgegeben wird, aus dem bei der früheren Versteigerung erzielten Meistgebot, im Falle der Abweisung aber nach dem Werte der dem Antragsteller zustehenden Forderung oder, wenn dieser nicht festgestellt werden kann, nach Maßgabe der Bestimmung im § 10 des Reichs-Gerichtskostengesetzes.

Art. 12. Für den Termin zur weiteren Ausführung des Teilungsplans (§§ 139, 141, 157 Abs. 2 des Gesetzes über die Zwangsversteigerung und die Zwangsverwaltung) werden nach dem Werte der einem Berechtigten zugeteilten Beträge, über welche im Termine verhandelt werden soll, drei Zehnteile der Sätze des § 8 des Reichs-Gerichtskostengesetzes erhoben.

Art. 13. Die Kosten einer Veröffentlichung, welche der Versteigerungsbeamte nach § 40 des Gesetzes über die Zwangsversteigerung und die Zwangsverwaltung veranlaßt hat, sowie die Gebühren des Ausrufers, dessen sich der Versteigerungsbeamte im Versteigerungstermine bedient hat, gehören zu den Auslagen im Sinne des § 79 des Reichs-Gerichtskostengesetzes.

Art. 14. I Der Gläubiger, auf dessen Antrag die Anordnung der Zwangsversteigerung oder der Zwangsverwaltung erfolgt ist, hat außer dem Gebührenvorschuß (Reichs-Gerichtskostengesetz § 81) auch für die mit dem Verfahren bis zur Einleitung der Verteilung verbundenen Auslagen auf Erfordern einen zu deren Deckung hinreichenden Vorschuß zu erlegen.

II Mehrere Antragsteller haften für die Berichtigung dieses Vorschusses als Gesamtschuldner.

Art. 15. Im Verteilungsverfahren können auf die aus der Masse vorweg zu deckenden Gebühren und Auslagen nach dem Fortgange des Verfahrens Abschlagszahlungen erhoben werden.

Art. 16. I Im Falle des Art. 11 hat der Antragsteller einen Gebührenvorschuß nicht zu entrichten.

II Die Gebühr kann jedoch sofort nach der Entscheidung über den Antrag erhoben werden.

Art. 17. I Soweit die aus der Masse zu deckenden Gebühren und Auslagen aus dem Barbestande der Masse nicht entrichtet werden können, haftet für sie der Gläubiger, auf dessen Antrag die Anordnung der Zwangsversteigerung oder der Zwangsverwaltung erfolgt ist. Das gleiche gilt, wenn das Verfahren ohne Verteilung erledigt wird.

II Die Haftung mehrerer Antragsteller bemißt sich nach dem Verhältnis ihrer Forderungen.

Art. 18. Für die vom Vollstreckungsgericht auf Grund des § 130 des Gesetzes über die Zwangsversteigerung und die Zwangsverwaltung veranlaßte Tätigkeit des Grundbuchamts werden Gebühren nicht erhoben. Auf die Eintragung des Erstehers als Eigentümers findet diese Vorschrift keine Anwendung.

Art. 19. Im Verfahren der Zwangsversteigerung eines im Schiffsregister eingetragenen Schiffes, dann eines ausländischen Schiffes, das, wenn es ein deutsches Schiff wäre, in das Schiffsregister eingetragen werden müßte, finden die Vorschriften der Art. 7 bis 9, 11 bis 18 entsprechende Anwendung.

Art. 20. Die Vorschriften der Art. 7 bis 18 finden entsprechende Anwendung im Verfahren

1. der vom Konkursverwalter beantragten Zwangsversteigerung oder Zwangsverwaltung (§§ 172 bis 174 des Gesetzes über die Zwangsversteigerung und die Zwangsverwaltung),
2. der Zwangsversteigerung des Grundstücks auf Antrag des Erben (§§ 175 bis 179 des Gesetzes über die Zwangsversteigerung und die Zwangsverwaltung),
3. der Zwangsversteigerung zum Zwecke der Aufhebung einer Gemeinschaft (§§ 180 bis 184 des

Gesetzes über die Zwangsversteigerung und die Zwangsverwaltung),

4. der nach den Art. 216, 218 des Berggesetzes in der Fassung vom 1. September 1910 stattfindenden gerichtlichen Versteigerung eines Bergwerkes oder einer Anlage, auf welche die Vorschrift des Art. 281 des erwähnten Gesetzes Anwendung findet,
5. der im Art. 290 Abs. 2 des Berggesetzes in der Fassung vom 1. September 1910 vorgeschriebenen Zwangsversteigerung eines unbeweglichen Kuxes.

II. Abschnitt.

Sonstige Gegenstände.

Art. 21. I In bürgerlichen Rechtsstreitigkeiten findet, auch soweit das Verfahren landesgesetzlich geregelt ist, das Reichs-Gerichtskostengesetz Anwendung, wenn nicht in diesem Gesetz oder in Staatsverträgen ein anderes bestimmt ist.

II Im Verfahren vor den Rheinschiffahrtsgerichten werden Gebühren nicht erhoben. Hinsichtlich der Auslagen finden die Vorschriften der Art. 37 bis 41 entsprechende Anwendung; jedoch bleiben Schreibgebühren für von Amts wegen erteilte Ausfertigungen und Abschriften außer Ansatz.

Art. 22. I Im Verfahren über Streitigkeiten wegen Entschädigung bei Zwangsenteignung wird die Beweisgebühr des § 18 des Reichs-Gerichtskostengesetzes auch für die Anordnung einer neuen Schätzung (Art. 21 des Gesetzes zur Ausführung der Reichs-Zivilprozeßordnung und Konkursordnung in der Fassung der Bekanntmachung vom 26. Juni 1899) erhoben.

II Für die Entscheidung einschließlich des vorangegangenen Verfahrens über Anträge auf Anordnung einer Sicherheitsleistung (Art. 22 des Gesetzes zur Ausführung der Reichs-Zivilprozeßordnung und Konkursordnung) werden zwei Zehnteile der Sätze des § 8 des Reichs-Gerichtskostengesetzes erhoben.

III Im Verteilungsverfahren nach Art. 24, 27 des Gesetzes zur Ausführung der Reichs-Zivilprozeßordnung und Konkursordnung nach Art. 53, 54 des Einführungsgesetzes zum Bürgerlichen Gesetzbuche, nach Art. 189, 190, 206 des Berggesetzes in der Fassung vom 1. September 1910 und nach Art. 13 Abs. 3 des Gesetzes vom 23. Februar 1868, die Ablösbarkeit der auf Grund und Boden haftenden oder mit einer Gewerbsrealität verbundenen Ehehaftsverhältnisse betreffend, finden die Bestimmungen der Art. 9, 12, 15, 17, 18 mit der Maßgabe Anwendung, daß die Gebühr des Art. 9 Ziff. 2 aus der zu verteilenden Entschädigungssumme berechnet wird.

IV Jedes Verfahren über die im Abs. 2 bezeichneten Anträge gilt für die Gebührenerhebung als besonderer Rechtsstreit.

III. Abteilung.

Strafsachen.

I. Abschnitt.

Allgemeine Bestimmungen.

Art. 23. I Gebühren werden nicht erhoben:
1. im Verfahren vor dem Staatsgerichtshofe,
2. im standrechtlichen Verfahren,
3. für die Verhandlungen der bürgerlichen Gerichte, die auf Ersuchen in Militärstrafgerichtssachen gepflogen werden,
4. im Verfahren vor den Rheinschiffahrtsgerichten.

II Hinsichtlich der Auslagen finden die Vorschriften der Art. 37 bis 41 entsprechende Anwendung. Jedoch bleiben Schreibgebühren für von Amts wegen erteilte Ausfertigungen und Abschriften außer Ansatz.

II. Abschnitt.

Forstrügesachen.

Art. 24. Im Verfahren in Forstrügesachen findet das Reichs-Gerichtskostengesetz vorbehaltlich der folgenden Vorschriften Anwendung.

Art. 25. Wenn jemand wegen mehrerer Forstpolizeiübertretungen oder Forstfrevel bestraft wird, so bestimmt sich die Gebühr durch den Betrag der Gesamtstrafe, wenn auch die Aburteilung in verschiedenen Sitzungen erfolgt ist.

Art. 26. Werden mehrere Personen samtverbindlich in eine Geldstrafe verurteilt, so haften sie in gleicher Weise auch für die Gebühr.

Art. 27. I Der im § 62 Abs. 1 Ziff. 1 des Reichs-Gerichtskostengesetzes bestimmte Gebührensatz findet auch Anwendung, wenn die Geldstrafe weniger als 1 Mark beträgt; jedoch darf die Gebühr vorbehaltlich der Einhaltung des Mindestbetrags nach Art. 2 Abs. 1 den Betrag der Geldstrafe nicht übersteigen.

II Ist auf Grund des revidierten Forststrafgesetzes für die Pfalz auf Niederreißen eines Gebäudes erkannt, so beträgt die Gebühr 10 Mark.

Art. 28. Für das Verfahren vor dem Amtsgerichte können die Sätze des § 62 Abs. 1 des Reichs-Gerichtskostengesetzes vom Gerichte bis auf fünf Zehnteile ermäßigt werden.

III. Abschnitt.

Strafverfahren im Verwaltungswege.

Art. 29. I Für Strafbescheide der Verwaltungsbehörden wegen Zuwiderhandlungen gegen die Vorschriften über die Erhebung öffentlicher Abgaben und Gefälle werden zwei Zehnteile der Sätze des § 62 des Reichs-Gerichtskostengesetzes erhoben, wenn die Strafe im Verwaltungswege rechtskräftig festgesetzt ist.

II Bei Zuwiderhandlungen gegen den gemeindlichen Malzaufschlag und sonstige gemeindliche Gefälle fließt die Gebühr in die Kasse der Gemeinde, deren Verwaltung den Strafbescheid erlassen hat.

Art. 30. I Die im Art. 29 Abs. 1 bestimmten Gebühren sind auch im Verfahren bei Beschwerden an die höhere Verwaltungsbehörde zu erheben, wenn die Beschwerde als unbegründet verworfen wird.

II Für die Entscheidung, durch welche die Beschwerde als unzulässig zurückgewiesen wird, wird ein Zehnteil der Sätze des § 62 Abs. 1 des Reichs-Gerichtskostengesetzes erhoben.

Art. 31. Wird die Beschwerde vor der Entscheidung zurückgenommen, so werden drei Zehnteile der Gebühr erhoben, die nach Art. 30 Abs. 2 für eine zurückweisende Entscheidung zu entrichten sein würde.

Art. 32. I Betrifft eine Strafsache mehrere Beschuldigte, so ist die Gebühr von jedem besonders nach Maßgabe der gegen ihn ausgesprochenen Strafe zu erheben.

II Die Bestimmung findet in dem Verfahren bei Beschwerden an die höhere Verwaltungsbehörde entsprechende Anwendung.

Art. 33. Die Gebühren und Auslagen werden fällig, sobald die Strafe rechtskräftig festgesetzt ist.

Art. 34. Wegen der Gebühren für Ausfertigungen und Abschriften sowie wegen der Auslagen sind die Vorschriften der Art. 171, 173, 176, 179 maßgebend.

Art. 35. Die Zuständigkeit und das Verfahren bei Streitfragen über die Verpflichtung zur Entrichtung von Gebühren und Auslagen oder über deren Größe bemißt sich nach den Vorschriften im Art. 183. Die Bestimmung im Art. 184 findet entsprechende Anwendung.

IV. Abteilung.

Angelegenheiten der freiwilligen Gerichtsbarkeit.

I. Abschnitt.

Allgemeine Bestimmungen.

Art. 36. In den Angelegenheiten der freiwilligen Gerichtsbarkeit, welche von den Gerichten wahrgenommen werden, finden die Vorschriften der §§ 5, 6, 9, 9a, 10, 10a, des § 11 Abs. 2, der §§ 12, 13, des § 38 Nr. 3, der §§ 45 bis 47, 81, 84, des § 85 Abs. 5, des § 86 Abs. 1, der §§ 87 bis 93, des § 94 Nr. 2, 3, des § 97 Abs. 2, des § 97a und des § 98 Abs. 4 des Reichs-

Gerichtskostengesetzes, in den Angelegenheiten der freiwilligen Gerichtsbarkeit, welche von den Notaren wahrgenommen werden, finden die Vorschriften der §§ 45, 46, des § 47 Abs. 1 Nr. 1, 2, 4, Abs. 2, 3 und des § 94 Nr. 2, 3 des Reichs-Gerichtskostengesetzes entsprechende Anwendung.

Art. 37. In den Angelegenheiten der freiwilligen Gerichtsbarkeit, welche von den Gerichten wahrgenommen werden, werden an baren Auslagen erhoben:

1. die Schreibgebühren,
2. die Post- und Telegraphengebühren sowie die im Fernverkehre zu entrichtenden Fernsprechgebühren,
3. die durch Einrückung einer Bekanntmachung in öffentliche Blätter entstehenden Kosten,
4. die an Zeugen und Sachverständige zu zahlenden Gebühren,
5. die bei Geschäften außerhalb der Gerichtsstelle den Gerichtsbeamten zustehenden Tagegelder und Reisekosten,
6. die an andere Behörden oder Beamte oder an Rechtsanwälte für deren Tätigkeit zu zahlenden Beträge,
7. die Kosten eines Transports von Personen oder Sachen,
8. die Haftkosten nach Maßgabe der für die Strafhaft geltenden Vorschriften.

Art. 38. Die Schreibgebühren werden für Ausfertigungen und Abschriften erhoben. Die Schreibgebühr beträgt für die Seite, die mindestens zwanzig Zeilen enthält, 20 Pfennig und für die Seite, die mindestens dreißig Zeilen enthält, 30 Pfennig, auch wenn die Herstellung auf mechanischem Wege stattgefunden hat. Die Zeile muß durchschnittlich zwölf Silben enthalten. Eine angefangene Seite wird mit 20 Pfennig berechnet. Für Schriftstücke, die in fremden Sprachen abgefaßt sind, für Schriftstücke in tabellarischer Form sowie für Verzeichnisse, Listen, Rechnungen, Handzeichnungen kann die Höhe der Schreibgebühr von der Staatsregierung anderweit bestimmt werden.[1])

---

[1]) VK 10.

Art. 39. Für die von Amts wegen bewirkten Zustellungen werden bare Auslagen nicht erhoben. Die Erhebung der Schreibgebühr für die Ausfertigungen und Abschriften des zuzustellenden Schriftstücks sowie die Erhebung der baren Auslagen für die Zustellung durch Bekanntmachung in öffentlichen Blättern oder im Auslande wird hierdurch nicht ausgeschlossen.

Art. 40. Soweit in den Fällen der §§ 6, 45, 47 des Reichs-Gerichtskostengesetzes, dann in den Fällen der Art. 44 bis 46 Staatsgebühren nicht zu entrichten sind, werden auch Schreibgebühren und Postgebühren nicht erhoben.

Art. 41. Schuldner der Schreibgebühr für Ausfertigungen und Abschriften, die nicht von Amts wegen zu erteilen sind, ist der Antragsteller. Diese Schreibgebühr wird sofort nach Anfertigung der Schriftstücke fällig.

Art. 42. I Die Beteiligten sind verpflichtet, den Wert des Gegenstandes, wenn der Gegenstand nicht in einer bestimmten Geldsumme besteht oder aus früheren Anträgen erhellt, und auf Erfordern auch den Wert eines Teiles des Gegenstandes dem Gericht oder dem Notar anzugeben.

II Die Angabe kann jederzeit berichtigt werden.

Art. 43. Ist der Wert von den Beteiligten in der Absicht, die Gebühr zu hinterziehen, zu gering angegeben worden, so trifft jeden eine Geldstrafe bis zum doppelten Betrage der hinterzogenen Gebühr. Wird jedoch die Wertsangabe noch vor der Einleitung des im Satz 1 vorgesehenen Strafverfahrens von dem Pflichtigen selbst berichtigt, so tritt nur Ordnungsstrafe bis zu 100 Mark ein.

Art. 44. I Die Festsetzung des Wertes erfolgt gebührenfrei durch Beschluß des Gerichts, bei welchem die Gebühr in Ansatz kommt, wenn die Festsetzung von dem Zahlungspflichtigen oder der Staatskasse beantragt oder nach der Natur des Gegenstandes erforderlich wird. Kommt die Gebühr nicht bei einem Gericht in Ansatz, so erfolgt die Festsetzung durch das Amtsgericht.

II Das Gericht kann nach Maßgabe der Vorschriften der Zivilprozeßordnung eine Beweisaufnahme, insbesondere die Einnahme eines Augenscheins oder die Begutachtung durch Sachverständige, auf Antrag oder von Amts wegen anordnen. In dem Beschlusse, durch welchen der Wert festgestellt wird, ist über die Kosten der Beweisaufnahme zu entscheiden. Die Kosten können ganz oder teilweise der Partei zur Last gelegt werden, die durch Unterlassung der ihr obliegenden Wertsangabe oder durch unrichtige Wertsangabe oder unbegründete Beschwerde die Beweisaufnahme veranlaßt hat.

Art. 45. I Über Erinnerungen des Zahlungspflichtigen oder der Staatskasse gegen den Ansatz von Gebühren und Auslagen entscheidet bei Gebühren und Auslagen, welche bei einem Gericht in Ansatz gebracht werden, das Gericht. Die Vorschriften des Art. 44 Abs. 2 finden entsprechende Anwendung.

II Die Entscheidung erfolgt gebührenfrei.

Art. 46. Die Entscheidungen nach den Art. 44, 45 über Wertfestsetzungen oder über Erinnerungen gegen den Kostenansatz können von dem Gerichte, das die Entscheidung getroffen hat, oder von dem Gerichte der höheren Instanz jederzeit, auch nach der Beendigung des Verfahrens, von Amts wegen geändert werden.

Art. 47. Gegen die Entscheidung (Art. 44 bis 46) ist die Beschwerde zulässig. Über die Beschwerde entscheidet das im Instanzenzuge zunächst höhere Gericht. Der § 199 Abs. 2 des Gesetzes über die Angelegenheiten der freiwilligen Gerichtsbarkeit findet entsprechende Anwendung.

Art. 48. I Gegen den Ansatz oder die Nachforderung von Gebühren, die bei einem Notariat anfallen, steht dem Zahlungspflichtigen das Rechtsmittel der Beschwerde an das Landgericht zu, in dessen Bezirke das Notariat seinen Sitz hat.

II Die Beschwerde ist erst zulässig, wenn der Zahlungspflichtige sich an die zur Vertretung der Staatskasse zuständige Finanzstelle um Abhilfe gewendet und entweder eine abschlägige oder innerhalb sechs Wochen keine

Entschließung erhalten hat. Die Finanzstelle hat über solche Gesuche den Beteiligten die Empfangsbescheinigung unverzüglich und unentgeltlich auszufertigen.

III Die Vorschriften des zweiten Absatzes finden keine Anwendung, wenn die Nachforderung von der Finanzstelle veranlaßt ist.

Art. 49. I Die Beschwerde kann bei dem Gerichte, dessen Entscheidung angefochten wird, oder bei dem Beschwerdegerichte durch Einreichung einer Beschwerdeschrift oder durch Erklärung zum Protokolle des Gerichtsschreibers eines der bezeichneten Gerichte oder eines Amtsgerichts eingelegt werden.

II Die Beschwerde kann auf neue Tatsachen und Beweise gestützt werden.

III Hat der Zahlungspflichtige Beschwerde eingelegt, so ist die Beschwerde der zur Vertretung der Staatskasse zuständigen Finanzstelle zur Äußerung mitzuteilen.

IV Die Beschwerde hat keine aufschiebende Wirkung.

V Die Entscheidung ist mit Gründen zu versehen.

Art. 50. I Gegen die Entscheidung des Beschwerdegerichts ist das Rechtsmittel der weiteren Beschwerde zulässig. Die weitere Beschwerde kann nur darauf gestützt werden, daß die Entscheidung auf einer Verletzung des Gesetzes beruhe. Die Vorschriften der §§ 550, 551, 559, 561, 563, 574 der Reichs-Zivilprozeßordnung finden entsprechende Anwendung.

II Über die weitere Beschwerde entscheidet das Oberste Landesgericht.

III Die weitere Beschwerde kann bei dem Gericht erster Instanz oder bei dem Beschwerdegericht oder bei dem Obersten Landesgerichte durch Einreichung einer Beschwerdeschrift oder durch Erklärung zum Protokolle des Gerichtsschreibers eines der bezeichneten Gerichte oder eines Amtsgerichts eingelegt werden. Erfolgt die Einlegung durch Einreichung einer Beschwerdeschrift, so muß diese von einem Rechtsanwalt unterzeichnet sein. Der Zuziehung eines Rechtsanwalts bedarf es nicht, wenn die weitere Beschwerde von einer Behörde oder von einem Notar eingelegt wird, der in der Angelegenheit für den Beschwerdeführer einen Antrag bei dem Gericht erster Instanz eingereicht hat.

IV Die weitere Beschwerde ist binnen einer Frist von zwei Wochen einzulegen. Auf die weitere Beschwerde finden die Vorschriften des § 22 des Gesetzes über die Angelegenheiten der freiwilligen Gerichtsbarkeit und der Absätze 3 bis 5 des Art. 49 dieses Gesetzes entsprechende Anwendung.

V Über die weitere Beschwerde ist der Staatsanwalt mit gutachtlicher Äußerung zu hören.

Art. 51. I Die Entscheidung erfolgt beim Landgerichte durch eine Zivilkammer, bei den Oberlandesgerichten und dem Obersten Landesgerichte durch einen Zivilsenat. Die Entscheidung kann ohne vorgängige mündliche Verhandlung erfolgen.

II Die Vorschriften der Reichs-Zivilprozeßordnung über die Ausschließung und Ablehnung der Gerichtspersonen, über die Beweisaufnahme sowie über die Verpflichtung zur Kostentragung finden entsprechende Anwendung.

Art. 52. I Ist eine Entscheidung oder sonstige Amtshandlung, für welche eine Gebühr nicht zu erheben wäre, nach freier richterlicher Überzeugung mutwillig veranlaßt worden, so hat das Gericht von Amts wegen die besondere Erhebung von drei Zehnteilen der Gebühr des § 8 des Reichs-Gerichtskostengesetzes zu beschließen.

II Gegen den Beschluß findet Beschwerde nach Maßgabe der Art. 47 bis 51 statt.

III Das Rechtsmittel der weiteren Beschwerde ist unzulässig.

IV Die Gebühr kann sofort nach der Entscheidung eingehoben werden.

Art. 53. Im Verfahren auf weitere Beschwerde erhöht sich die im § 45 des Reichs-Gerichtskostengesetzes bestimmte Gebühr um die Hälfte.

Art. 54. Die Auslagen der Gerichte werden bei der Entstehung fällig.

II. Abschnitt.

Verhandlungen der Gerichte.

1. Zeugnisse, Beglaubigungen und Ausfertigungen.

Art. 55. I Für Zeugnisse (Atteste, Bescheinigungen), für Beglaubigungen von Privatabschriften oder von Unterschriften in öffentlichen oder Privaturkunden (Legalisationen) sowie für Ausfertigungen, beglaubigte Abschriften oder Auszüge, die nicht von Amts wegen zu erteilen sind, wird bei den Amtsgerichten und den Landgerichten, soweit nicht besondere Vorschriften bestehen, eine Gebühr von 2 Mark erhoben.

II Der Gebührensatz erhöht sich bei den Oberlandesgerichten um die Hälfte, bei dem Obersten Landesgericht auf den doppelten Betrag.

III Die Gebühr für Beglaubigungen sowie für Ausfertigungen, beglaubigte Abschriften oder Auszüge kann, sofern die Verhältnisse des Empfängers oder die Geringfügigkeit des Gegenstandes eine Ausnahme begründen, vom Gericht auf die Hälfte ermäßigt werden.

IV Für die von Amts wegen zu erteilenden Ausfertigungen und beglaubigten Abschriften oder Auszüge werden nur Schreibgebühren erhoben.

2. Registerführung.

Art. 56. Für die Eintragungen in das Handelsregister einschließlich der sie begleitenden gerichtlichen Handlungen werden, soweit nicht reichsgesetzlich ein anderes bestimmt ist, folgende Gebühren erhoben:

1. bei Einzelkaufleuten:
   a) für die erste Eintragung der Firma 2 Mark, wenn der Kaufmann mit einer Gewerbsteuer überhaupt nicht veranlagt ist oder wenn die von dem Kaufmanne zu entrichtende Jahresgewerbsteuer 10 Mark nicht übersteigt,
   5 Mark, wenn sie mehr als 10 Mark, aber nicht mehr als 30 Mark beträgt,
   10 Mark, wenn sie mehr als 30 Mark, aber nicht mehr als 50 Mark beträgt,

20 Mark, wenn sie mehr als 50 Mark, aber nicht mehr als 100 Mark beträgt,
30 Mark, wenn sie mehr als 100 Mark, aber nicht mehr als 200 Mark beträgt,
50 Mark, wenn sie mehr als 200 Mark, aber nicht mehr als 350 Mark beträgt,
75 Mark, wenn sie mehr als 350 Mark beträgt;

b) für jede spätere Eintragung oder Löschung die Hälfte der Sätze zu a;

2. bei offenen Handelsgesellschaften und Kommanditgesellschaften sowie bei solchen juristischen Personen, deren Eintragung in das Handelsregister mit Rücksicht auf den Gegenstand oder auf die Art und den Umfang ihres Gewerbebetriebs zu erfolgen hat:
a) für die erste Eintragung das Zweifache der Sätze zu 1a,
b) für jede spätere Eintragung oder Löschung die Sätze zu 1a;

3. bei Aktiengesellschaften, Kommanditgesellschaften auf Aktien und Gesellschaften mit beschränkter Haftung:
a) für die Eintragung der Gesellschaft
30 Mark, wenn das Gesellschaftskapital nicht mehr als 50000 Mark beträgt,
40 Mark, wenn es mehr als 50000 Mark, aber nicht mehr als 100000 Mark beträgt;
beträgt es mehr als 100000 Mark, so erhöht sich die Gebühr von 40 Mark für je 10000 Mark um je 1 Mark,
mindestens ist jedoch das Zweifache der Sätze zu 1a zu entrichten;
b) für die Eintragung eines Beschlusses über Erhöhung des Gesellschaftskapitals die Sätze zu 3a nach dem Betrag, um den das Kapital erhöht wird, mindestens ist jedoch das Zweifache der Sätze zu 1a in Ansatz zu bringen.

Ist das Kapital nicht voll einbezahlt, so ist der Gesellschaft auf Verlangen zu gestatten, von den Gebühren zu a und b zunächst nur denjenigen Betrag zu bezahlen, welcher dem eingezahlten Kapital entspricht, und den Rest nach Maßgabe der erfolgenden Einzahlungen nachträglich zu entrichten, mindestens ist jedoch das Zweifache der Sätze zu 1 a sofort zu bezahlen;

c) für alle sonstigen Eintragungen und Löschungen die Sätze zu 1 a;

4. für die Eintragung einer Prokura die Sätze zu 1 a, für die Eintragung ihres Erlöschens derselben die Sätze zu 1 b.

Art. 57. Muß eine Eintragung sowohl in das Handelsregister der Hauptniederlassung als auch in das Handelsregister einer Zweigniederlassung geschehen, so ist für die Eintragung in ein jedes Register der vorgeschriebene Gebührensatz besonders zu erheben, im Falle der Ziff. 3 a und b des Art. 56 jedoch für die Eintragung in das Register der Zweigniederlassung höchstens das Zweifache der Sätze zu 1 a.

Art. 58. I Wenn auf Grund derselben Anmeldung nach den Vorschriften des Handelsgesetzbuchs mehrere Eintragungen, die auf dieselbe Firma oder dieselbe Prokura oder dieselbe Gesellschaft sich beziehen, in das Handelsregister desselben Gerichts erfolgen, so kommt nur eine Gebühr und bei Verschiedenheit der Sätze der höchste Betrag zur Erhebung.

II Findet jedoch neben der Löschung des Gesamteintrags über eine Firma eine neue Eintragung derselben Firma in einer anderen Hauptabteilung des nämlichen Handelsregisters oder in dem Handelsregister eines anderen Bezirkes statt, so sind sowohl für die Löschung als auch für die neue Eintragung die im Art. 56 bestimmten Gebühren je besonders zu erheben.

III Die Vorschrift des Abs. 1 gilt nicht, wenn das Registergericht das Handelsregister für die Hauptniederlassung und die Zweigniederlassung führt und die Hauptniederlassung und die Zweigniederlassung sich in verschiedenen Amtsgerichtsbezirken befinden.

Art. 59. Werden von den zur Begründung einer Anmeldung vorgelegten Urkunden wegen deren Zurückforderung beglaubigte Abschriften zurückbehalten, so werden hiefür lediglich die gesetzlichen Schreibgebühren erhoben.

Art. 60. I Für die Zurückweisung einer unvollständigen, unzulässigen oder unbegründeten Anmeldung ist die Hälfte der Gebühr zu erheben, die für die Eintragung in Ansatz zu bringen wäre.

II Wird eine Anmeldung zurückgenommen, bevor ein gebührenpflichtiger Akt stattgefunden hat, so kommen zwei Zehnteile der Gebühr zur Erhebung.

Art. 61. Gebühren werden nicht erhoben:

1. für die Gestattung der Einsicht des Handelsregisters und der zum Handelsregister eingereichten Schriftstücke,
2. für die Eintragung der Konkurseröffnung, der Aufhebung des Eröffnungsbeschlusses sowie der Einstellung und Aufhebung des Konkurses,
3. für eine nach den §§ 142 bis 144 des Gesetzes über die Angelegenheiten der freiwilligen Gerichtsbarkeit von Amts wegen erfolgende Löschung; wird der Widerspruch eines Beteiligten zurückgewiesen, so hat der Beteiligte für die Zurückweisung die für die Löschung bestimmte Gebühr zu entrichten,
4. für das Löschungsverfahren nach § 141 des Gesetzes über die Angelegenheiten der freiwilligen Gerichtsbarkeit, falls die Löschung infolge erhobenen Widerspruchs unterbleibt.

Art. 62. Wird der Widerspruch eines Beteiligten gegen eine nach § 147 des Gesetzes über die Angelegenheiten der freiwilligen Gerichtsbarkeit erfolgende Löschung einer Eintragung in das Genossenschaftsregister zurückgewiesen, so hat der Beteiligte eine Gebühr von 2 Mark zu entrichten.

Art. 63. Für die Eintragung in das Schiffsregister einschließlich der sie begleitenden gerichtlichen Handlungen werden erhoben:

1. für die erstmalige Eintragung 10 Mark,
2. für die Eintragung von Veränderungen 3 Mark.

Art. 64. Im Falle der Verlegung des Heimatsorts eines Schiffes aus dem Registerbezirke (§ 126 Abs. 4 des Binnenschiffahrtsgesetzes) wird für die Eintragung durch die neue Registerbehörde eine Gebühr von 3 Mark erhoben.

Art. 65. Bei Schiffen, deren Tragfähigkeit 100000 Kilogramm nicht übersteigt, kommen die in den Art. 63, 64 bestimmten Gebühren nur zur Hälfte zur Erhebung.

Art. 66. I Für die Erteilung des Schiffsbriefs werden die für die Erteilung eines Hypothekenbriefs bestimmten Gebühren und für den Vermerk von Veränderungen auf dem Schiffsbriefe die für den Vermerk von Veränderungen auf dem Hypothekenbriefe bestimmten Gebühren erhoben.

II Die Vorschriften des Art. 59 finden entsprechende Anwendung.

Art. 67. Auf die Bestellung und Eintragung eines Pfandrechts an einem im Schiffsregister eingetragenen Schiffe oder eines dieses Pfandrecht belastenden Rechtes, auf die Eintragung von Widersprüchen, Vermerken und Löschungen finden die Bestimmungen dieses Gesetzes über die Gebühren in Grundbuchsachen entsprechende Anwendung.

Art. 68. Gebühren werden nicht erhoben:

1. für die Löschung eines Schiffes im Schiffsregister,
2. für die auf Ersuchen des Vormundschaftsgerichts im Falle des § 54 Abs. 2 des Gesetzes über die Angelegenheiten der freiwilligen Gerichtsbarkeit erfolgte Eintragung eines Pfandrechts an einem im Schiffsregister eingetragenen Schiffe,
3. für die Gestattung der Einsicht in das Schiffsregister.

Art. 69. I Für die Eintragung in das Vereinsregister einschließlich der sie begleitenden gerichtlichen Handlungen werden erhoben:

1. für die erste Eintragung des Vereins 5 bis 20 Mark,
2. für alle sonstigen Eintragungen oder Löschungen 3 bis 10 Mark.

II Verfolgt der Verein nach seinen Satzungen wohltätige oder gemeinnützige Zwecke, so können die Gebühren von dem Gerichte bis auf die Hälfte ermäßigt werden.

Art. 70. Die Vorschriften der Art. 58, 59 finden auf das Vereinsregister entsprechende Anwendung.

Art. 71. I Für die Zurückweisung von Anmeldungen wird eine Gebühr von 5 Mark erhoben. Wird eine Anmeldung zurückgenommen, ehe ein gebührenpflichtiger Akt stattgefunden hat, so wird eine Gebühr von 1 Mark erhoben.

II Für die Entziehung der Rechtsfähigkeit im Falle des § 73 des Bürgerlichen Gesetzbuchs wird eine Gebühr von 2 bis 10 Mark erhoben.

Art. 72. Gebühren werden nicht erhoben:

1. für die Gestattung der Einsicht des Vereinsregisters und der von dem Vereine bei dem Amtsgericht eingereichten Schriftstücke,
2. für die von Amts wegen erfolgenden Eintragungen in den Fällen des § 67 Abs. 2, des § 74 Abs. 3, des § 75 und des § 76 Abs. 3 des Bürgerlichen Gesetzbuchs,
3. für eine nach den §§ 142, 143, 159 des Gesetzes über die Angelegenheiten der freiwilligen Gerichtsbarkeit von Amts wegen erfolgende Löschung; wird der Widerspruch eines Beteiligten zurückgewiesen, so hat er für die Zurückweisung die für die Löschung bestimmte Gebühr zu entrichten.

Art. 73. Für die Eintragung in das Güterrechtsregister einschließlich der dieselbe begleitenden gerichtlichen Handlungen wird eine Gebühr von 2 Mark erhoben.

Art. 74. Die Vorschriften des Art. 59 finden auf das Güterrechtsregister entsprechende Anwendung.

Art. 75. Für die Zurückweisung von Anmeldungen wird eine Gebühr von 1 Mark erhoben.

Art. 76. Gebühren werden nicht erhoben:

1. für die Einsicht des Güterrechtsregisters,
2. für eine nach den §§ 142, 143, 161 des Gesetzes über die Angelegenheiten der freiwilligen Gerichtsbarkeit von Amts wegen erfolgende Löschung; wird der Widerspruch eines Beteiligten zurückgewiesen, so wird eine Gebühr von 1 Mark erhoben.

Art. 77. Der Gebührentarif zu dem Reichsgesetze vom 6. Februar 1875 über die Beurkundung des Personenstandes und die Eheschließung sowie die Vorschriften des § 16 dieses Gesetzes finden auf die vor dem 1. Januar 1876 errichteten pfälzischen Standesregister Anwendung.

3. Familienfideikommisse.

Art. 78. Für die Entscheidung einschließlich des vorangegangenen Verfahrens über Anträge auf gerichtliche Bestätigung eines Fideikommisses oder auf Genehmigung der Auflösung eines solchen werden fünf Zehnteile der Sätze des § 8 des Reichs-Gerichtskostengesetzes erhoben.

Art. 79. Die Bestimmung des Art. 78 findet auch in dem Falle Anwendung, wenn das Verfahren die Einverleibung von Vermögen in ein bereits bestehendes Fideikommiß auf Grund einer die Mehrung desselben bezielenden neuen Verfügung zum Gegenstande hat.

Art. 80. I Für jede sonstige Entscheidung, welche eine Genehmigung oder Bestätigung enthält oder überhaupt eine vorgängige Prüfung seitens des Fideikommißgerichts erfordert, einschließlich des vorangegangenen Verfahrens, werden drei Zehnteile der Sätze des § 8 des Reichs-Gerichtskostengesetzes bis zum Meistbetrage von 50 Mark erhoben.

II Die Einschreibungen in die Fideikommißmatrikel erfolgen gebührenfrei.

Art. 81. Wenn das zu einem Fideikommisse bestimmte Vermögen gemäß § 10 Abs. 2 der VII. Beilage zur Verfassungsurkunde unter gerichtlicher Aufsicht verwaltet werden muß, so kommen hierfür bei dem zuständigen Gerichte die in den Art. 82, 83 bestimmten Gebühren zur Erhebung. Hinsichtlich der Fälligkeit der Gebühren findet die Bestimmung im Art. 86 entsprechende Anwendung.

4. Vormundschaftssachen.

Art. 82. I Bei Vormundschaften ist von dem Vermögen des Mündels, auf welches sich die Vormundschaft erstreckt, bis zu einem Betrage von 6000 Mark auf je 300 Mark, von da an auf je 400 Mark eine Mark zu erheben.

II Für die Berechnung der Gebühr ist der Stand des reinen Vermögens bei Beendigung der Vormundschaft maßgebend.

III Die Gebühr des Abs. 1 kommt nicht zur Erhebung, wenn das Vermögen des Mündels weniger als 1000 Mark beträgt.

Art. 83. I Außerdem ist von dem Vermögen des Mündels, auf welches sich die Vormundschaft erstreckt, bis zu einem Betrage von 6000 Mark auf je 300 Mark, von da an auf je 400 Mark eine jährliche Gebühr von zehn Pfennig zu erheben. Dabei wird das angefangene Kalenderjahr am Anfange der Vormundschaft voll gerechnet; das angefangene Kalenderjahr am Schlusse der Vormundschaft wird nicht berücksichtigt.

II Bei der Berechnung des Vermögens werden die Schulden in Abzug gebracht.

III Beträgt das Vermögen des Mündels weniger als 1000 Mark, so wird die Gebühr des Abs. 1 nicht erhoben.

Art. 84. Soweit bei Minderjährigen die im Art. 83 bestimmten Gebühren nach dem Ermessen des Vormundschaftsgerichts nicht aus den nach Bestreitung des Unterhalts und der Erziehung etwa verbleibenden Rentenüberschüssen gedeckt werden können, bleiben die Gebühren bis zur Erreichung der Volljährigkeit oder früheren Beendigung der Vormundschaft gestundet.

Art. 85. Erstreckt sich eine Vormundschaft auf mehrere Mündel, so sind die in den Art. 82, 83 bestimmten Gebühren für jeden besonders zu berechnen.

Art. 86. I Die im Art. 82 bestimmte Gebühr wird bei der Beendigung der Vormundschaft, die im Art. 83 bestimmte Gebühr wird bei der Rechnungslegung und im Falle der §§ 1854, 1855, 1903, 1904 des Bürgerlichen Gesetzbuchs an dem von dem Vormundschaftsgerichte zur Vorlage der Übersicht über den Bestand des Mündelvermögens angeordneten Termine fällig.

II Die Vormundschaft gilt für die Kostenerhebung auch dann als beendigt, wenn sie an ein Gericht eines anderen Staates abgegeben wird. Das Staatsministerium der Finanzen ist ermächtigt, die Kosten in solchen Fällen ganz oder teilweise zu erlassen.

Art. 87. Die Vorschriften der Art. 82 bis 86 finden auf die vorläufige Vormundschaft Anwendung. Endigt die vorläufige Vormundschaft, weil auf Grund der erfolgten Entmündigung ein Vormund bestellt wird, so gelten die vorläufige und die endgültige Vormundschaft als eine Vormundschaft.

Art. 88. I Bei den zur Besorgung einer einzelnen Angelegenheit bestellten Pflegschaften oder Beistandschaften ist nach dem reinen Werte des Gegenstandes ein Zehnteil der Sätze des § 8 des Reichs-Gerichtskostengesetzes zu erheben.

II Die gleiche Gebühr ist im Falle einer sonstigen Fürsorge für ein unter elterlicher Gewalt stehendes Kind, insbesondere für die Entgegennahme und Prüfung des nach § 1640 des Bürgerlichen Gesetzbuchs von dem Vater oder der Mutter einzureichenden Verzeichnisses des Vermögens des Kindes, für die Entscheidung über den Antrag auf Erteilung der Genehmigung zu einem Rechtsgeschäft und im Falle einer Verfügung nach den §§ 112, 1631, 1645, 1665, 1677, 2282, 2290, 2347, 2351 des Bürgerlichen Gesetzbuchs zu erheben.

III Die Vorschriften der Art. 85, 86 finden entsprechende Anwendung.

IV Die in den Abs. 1, 2 bestimmten Gebühren werden nicht erhoben, wenn das Vermögen des einzelnen Pfleglings oder Kindes weniger als 1000 Mark beträgt oder, soweit rücksichtlich der Person, in deren Interesse ein

Pfleger oder ein Beistand bestellt oder eine sonstige Fürsorgetätigkeit ausgeübt wird, eine Vormundschaft oder eine Pflegschaft oder Beistandschaft, auf welche die Vorschriften des Art. 89 Anwendung finden, eingeleitet oder einzuleiten ist. Die Gebühr des Abs. 2 wird auch dann nicht erhoben, wenn für die Angelegenheit, auf welche sich die Fürsorge des Gerichts bezieht, eine Pflegschaft eingeleitet ist, auf welche die Vorschrift des Abs. 1 Anwendung findet.

V Wird in den Fällen der Abs. 1, 2 das Vormundschaftsgericht aus verschiedenen Veranlassungen tätig, so darf der Gesamtbetrag der zu erhebenden Gebühren den Betrag nicht übersteigen, der nach dem Art. 82 im Falle einer Vormundschaft zu erheben wäre.

Art. 89. I Bei anderen als den im Art. 88 bezeichneten Pflegschaften oder Beistandschaften sind von dem Werte des Vermögens, auf das sich die Pflegschaft oder Beistandschaft bezieht, die in den Art. 82, 83 bestimmten Gebühren zu erheben, die Gebühr des Art. 83 bei einer Beistandschaft jedoch nur insoweit, als dem Beistande die Vermögensverwaltung übertragen ist. Bezieht sich eine Pflegschaft oder Beistandschaft der im Satz 1 bezeichneten Art ausschließlich auf nicht vermögensrechtliche Angelegenheiten, so ist die Wertsumme, die der Gebührenberechnung zugrunde zu legen ist, in entsprechender Anwendung des § 10 des Reichs-Gerichtskostengesetzes festzusetzen.

II Die Vorschriften der Art. 84 bis 86 finden entsprechende Anwendung. Wird eine Pflegschaft oder eine Beistandschaft der im Abs. 1 bezeichneten Art in eine Vormundschaft übergeleitet, so gelten die Pflegschaft oder die Beistandschaft und die Vormundschaft als eine Vormundschaft.

III Die Gebühren des Abs. 1 werden nicht erhoben, wenn das Vermögen des einzelnen Pfleglings oder Kindes weniger als 1000 Mark beträgt.

Art. 90. I Für die Ersetzung der elterlichen Einwilligung zur Eingehung der Ehe oder der Einwilligung der Mutter zur Ehelichkeitserklärung, für Entscheidungen über den Unterhalt eines Kindes nach § 1612 des Bürgerlichen Gesetzbuchs, für die Übertragung der elterlichen Gewalt an die Mutter (§ 1685 Abs. 2 des Bürgerlichen Gesetzbuchs), für die Ersetzung der Zustimmung anteilsberechtigter Abkömmlinge zu Rechtsgeschäften des überlebenden Ehegatten im Falle der fortgesetzten Gütergemeinschaft, für Entscheidungen, welche die persönlichen Rechtsbeziehungen der Ehegatten zueinander oder das eheliche Güterrecht betreffen, und für sonstige Verfügungen des Vormundschaftsgerichts, die sich nicht auf Mündel, Pflegebefohlene oder unter elterlicher Gewalt stehende Kinder beziehen, wird eine Gebühr von 2 bis 200 Mark erhoben.

II Die gleiche Gebühr wird für die Tätigkeit des Vormundschaftsgerichts im Falle der Verheiratung des Vaters oder der Mutter sowie für die nach den §§ 1635 bis 1637, nach § 1639 Abs. 1, nach den §§ 1653, 1666 bis 1668, 1670 oder nach § 1760 Abs. 2 des Bürgerlichen Gesetzbuchs zu treffenden Anordnungen von dem Vater oder der Mutter erhoben, sofern nicht die Gebühr nach Art. 82 oder nach Art. 89 erhoben wird.

III Die Gebühren des Abs. 1, 2 kommen nicht zur Erhebung, wenn das Vermögen des Gebührenpflichtigen weniger als 1000 Mark beträgt.

Art. 91. I Für die Bestallung des Vormundes, Gegenvormundes, Beistandes oder Pflegers wird eine Gebühr von 50 Pfennig erhoben, wenn das Vermögen des Mündels, Pfleglings oder Kindes 1000 Mark oder mehr beträgt.

II Für die Aufnahme eines Vermögensverzeichnisses durch den Gerichtsschreiber wird eine Gebühr nicht erhoben.

Art. 92. Für die von Amts wegen zu erteilenden Ausfertigungen und Abschriften in Vormundschafts-, Pflegschafts- oder Beistandssachen kommen Schreibgebühren nicht in Ansatz.

5. Nachlaß- und Teilungssachen.

Art. 93. Für die Ermittlung des Erben wird eine Gebühr von einem Zehnteile der Sätze des § 8 des

Reichs-Gerichtskostengesetzes aus dem Werte des Nachlasses nach Abzug der Schulden erhoben. Ist im Falle des Eintritts der fortgesetzten Gütergemeinschaft ein nicht gemeinschaftlicher Abkömmling des verstorbenen Ehegatten vorhanden, so wird zum Nachlasse des Ehegatten auch der Teil des Gesamtguts gerechnet, der dem nicht gemeinschaftlichen Abkömmlinge nach § 1483 Abs. 2 des Bürgerlichen Gesetzbuchs zufällt.

Art. 94. I Für die Vermittlung der Auseinandersetzung in Ansehung eines Nachlasses einschließlich des vorangehenden Verfahrens wird ein Zehnteil der Sätze des § 8 des Reichs-Gerichtskostengesetzes erhoben.

II Die Berechnung der Gebühr erfolgt aus dem Werte des Nachlasses nach Abzug der Schulden.

III Wird der Antrag auf Vermittlung zurückgenommen oder endigt das Verfahren, weil ein Beteiligter im Termine der Vermittlung widerspricht, so wird ein Drittel, wenn aber das Gericht bereits den Verteilungsplan aufgestellt hatte, die Hälfte der im Abs. 1 bestimmten Gebühr erhoben. Das gleiche gilt, wenn das Verfahren für beruhend erklärt wird, weil im Termin kein Beteiligter erschienen und das Verfahren seitdem mehr als sechs Monate lang nicht betrieben worden ist.

IV Endigt das gerichtliche Verfahren mit der Verweisung der Auseinandersetzung an einen Notar, so wird eine Gebühr für das gerichtliche Vermittlungsverfahren nicht erhoben, wenn die Auseinandersetzung innerhalb eines Jahres seit der Verweisung vor dem Notar erfolgt. Anderenfalls wird für das gerichtliche Vermittlungsverfahren ein Zehnteil der Sätze des § 8 des Reichs-Gerichtskostengesetzes aus dem Werte des reinen Nachlasses erhoben. Das Gericht kann die im Satz 1 bezeichnete Frist auf Antrag oder von Amts wegen verlängern.

Art. 95. Auf die Vermittlung der Auseinandersetzung in Ansehung des Gesamtguts einer ehelichen oder einer fortgesetzten Gütergemeinschaft finden die Vorschriften über die Gebühren für die Vermittlung der Auseinandersetzung in Ansehung eines Nachlasses gleichmäßig

Anwendung. Wird die Auseinandersetzung mit der Teilung des Nachlasses eines Ehegatten verbunden, so wird der Wert des Gesamtguts nur zu dem Bruchteil in Ansatz gebracht, welcher den Anteil des überlebenden Ehegatten bildet.

Art. 96. I Für die Erteilung eines Erbscheins einschließlich des vorangehenden Verfahrens werden neben der Gebühr des Art. 93 zwei Zehnteile und, wenn der Ehegatte oder ein Abkömmling des Erblassers Erbe ist, ein Zehnteil der Sätze des § 8 des Reichs-Gerichtskostengesetzes erhoben.

II Die Berechnung der Gebühr erfolgt aus dem Werte des Nachlasses nach Abzug der Schulden. Die Gebühr für den einem Vorerben erteilten Erbschein wird aus dem Betrage berechnet, aus welchem ein Vorerbe nach den Vorschriften des Erbschaftssteuergesetzes die Erbschaftssteuer zu entrichten hat.

III Ist der Erbe nur zu einem Teile der Erbschaft berufen und der Erbschein nur über die Größe dieses Erbteils zu erteilen, so erfolgt die Erhebung der Gebühr nur aus dem Werte dieses Teiles. Wird über mehrere Erbfälle ein Erbschein erteilt, so werden die Beträge der Nachlässe zusammengerechnet.

IV Ist der Erbschein nur für bestimmte Nachlaßgegenstände zu erteilen, so erfolgt die Erhebung der Gebühr aus dem Werte dieser Gegenstände ohne Abzug der Schulden; ist jedoch die Gebühr aus dem gesamten Nachlasse nach Abzug der Schulden geringer, so wird diese erhoben.

V Wird die Erteilung eines Erbscheins abgelehnt, so kommt die Hälfte der im Abs. 1 bestimmten Gebühr zur Erhebung.

Art. 97. Für die Einziehung oder Kraftloserklärung eines Erbscheins wird, sofern nicht ein neuer Erbschein erteilt wird, eine Gebühr von 1 bis 10 Mark erhoben. Wird später ein neuer Erbschein erteilt, so wird diese Gebühr auf die Gebühr für die Erteilung des Erbscheins angerechnet. Für die Veranstaltung von Ermittelungen über die Richtigkeit eines Erbscheins wird eine Gebühr nicht erhoben.

Art. 98. Die Art. 96, 97 finden auf die im Art. 16 des Ausführungsgesetzes zu der Grundbuchordnung und zu dem Gesetz über die Zwangsversteigerung und die Zwangsverwaltung bezeichneten Zeugnisse sowie auf das Zeugnis über die Fortsetzung der Gütergemeinschaft oder über die Ernennung eines Testamentsvollstreckers entsprechende Anwendung. Für das Zeugnis über die Ernennung eines Testamentsvollstreckers wird jedoch, wenn ein Erbschein erteilt worden ist, eine Gebühr nicht erhoben; wird der Erbschein nach der Erteilung des Zeugnisses erteilt, so ist er gebührenfrei. Bei der Berechnung der Gebühr für das Zeugnis über die Fortsetzung der Gütergemeinschaft tritt an die Stelle des Nachlasses der halbe Wert des Gesamtguts der fortgesetzten Gütergemeinschaft nach Abzug der Schulden; sofern dem überlebenden Ehegatten von der gütergemeinschaftlichen Masse ein anderer Bruchteil als die Hälfte zufällt, wird das Gesamtgut zu diesem Bruchteil in Ansatz gebracht. Die Gebühr für die Zeugnisse nach Art. 16 des Ausführungsgesetzes zu der Grundbuchordnung und zu dem Gesetz über die Zwangsversteigerung und die Zwangsverwaltung wird aus dem Werte des Gegenstandes der Nachfolge unter Abzug der Schulden nach Maßgabe der Vorschriften berechnet, nach denen ein Vorerbe die Erbschaftssteuer zu entrichten hat.

Art. 99. I Für die nach den Gesetzen über das Reichsschuldbuch oder das Staatsschuldbuch eines Bundesstaates beizubringende Bescheinigung, daß ein Rechtsnachfolger von Todes wegen, ein die Gütergemeinschaft fortsetzender Ehegatte oder ein Testamentsvollstrecker über die eingetragene Forderung zu verfügen berechtigt ist, sowie für das im Art. 51 des Ausführungsgesetzes zum Bürgerlichen Gesetzbuche bezeichnete Zeugnis wird eine Gebühr von einem Zehnteile der Sätze des § 8 des Reichs-Gerichtskostengesetzes bis zum Meistbetrage von 10 Mark erhoben. Die Gebühr wird nach dem Betrage der Forderung berechnet.

II Die in den §§ 37, 38 der Grundbuchordnung bezeichneten Bescheinigungen sind gebührenfrei.

Art. 100. I Werden in dem Verfahren zur Feststellung des Erbrechts des Fiskus Erbrechte angemeldet und wird ein anderer Erbe als der Fiskus ermittelt, so werden außer der Gebühr des Art. 93 zwei Zehnteile der Sätze des § 8 des Reichs-Gerichtskostengesetzes erhoben. Wird ein Erbschein erteilt, so wird für die Erteilung des Erbscheins die Hälfte der Gebühr des Art. 96 erhoben.

II Die Berechnung der Gebühr erfolgt aus dem Werte des Nachlasses nach Abzug der Schulden.

Art. 101. Findet die Sicherstellung eines Nachlasses durch Siegelung oder in anderer Weise statt, so wird für dieses Verfahren, einschließlich der Anordnungen wegen Aufbewahrung des Nachlasses, der Verzeichnung des Nachlasses und der Ausantwortung des Nachlasses an den Erben, ein Zehnteil der Sätze des § 8 des Reichs-Gerichtskostengesetzes erhoben. Die Berechnung der Gebühr erfolgt aus dem Werte des Nachlasses nach Abzug der Schulden. Wenn nur einzelne Teile des Nachlasses Gegenstand der Sicherung sind, wird der Berechnung der Gebühr der Wert dieser Teile zugrunde gelegt, sofern er geringer ist als der Wert des ganzen Nachlasses nach Abzug der Schulden.

Art. 102. Wird eine Nachlaßpflegschaft oder eine Abwesenheitspflegschaft nach § 88 des Gesetzes über die Angelegenheiten der freiwilligen Gerichtsbarkeit angeordnet, so finden die Vorschriften über die Gebühren in Vormundschaftssachen mit der Maßgabe entsprechende Anwendung, daß an Stelle des Vermögens des Mündels der Wert des Nachlasses oder des Anteils des Abwesenden zur Zeit der Anordnung tritt. Auf die Gebühr für die Nachlaßpflegschaft wird die im Art. 101 bestimmte Gebühr angerechnet, wenn die Nachlaßpflegschaft zur Sicherung des Nachlasses eingeleitet wird.

Art. 103. I Wird eine Nachlaßverwaltung oder eine Gesamtgutsverwaltung angeordnet, so werden von dem Werte, den der Nachlaß oder das Gesamtgut zur Zeit der Anordnung nach Abzug der Schulden hat, sechs Zehnteile der Sätze des § 8 des Reichs-Gerichtskostengesetzes erhoben. Steht die hienach sich berechnende Gebühr außer Verhältnis zur Tätigkeit des Nachlaßgerichts und zur Höhe des Nachlasses ohne Abzug der Schulden, so wird eine Gebühr von 20 bis 300 Mark erhoben. Die Gebühr wird bei Beendigung der Verwaltung fällig.

II Außerdem wird die im Art. 83 bestimmte jährliche Gebühr erhoben. Die Gebühr wird bei der Rechnungslegung fällig. Die Vorschriften des Art. 83 Abs. 1, 2 finden Anwendung.

III Wird der Antrag auf Anordnung einer Nachlaßverwaltung oder einer Gesamtgutsverwaltung abgelehnt, so wird die im Abs. 1 bestimmte Gebühr nur zu drei Zehnteilen erhoben; ist der Antrag von einem Gläubiger gestellt und die Forderung desselben nicht höher als der Wert des reinen Nachlasses oder Gesamtguts, so wird die Gebühr nach dem Betrage dieser Forderung erhoben.

Art. 104. Für die Entgegennahme von Erklärungen, Anmeldungen und Anzeigen, welche nach gesetzlicher Vorschrift dem Nachlaßgerichte gegenüber abgegeben werden müssen, seitens des Nachlaßgerichts, einschließlich der Beurkundung durch das Nachlaßgericht und der Mitteilung an die im Gesetze bestimmten Personen, wird eine Gebühr von 1 bis 10 Mark erhoben. Findet die Entgegennahme in einem in diesem Unterabschnitte bezeichneten Verfahren statt, so wird eine Gebühr nicht erhoben. Die Gebühr für die Ausschlagung einer Erbschaft oder die Ablehnung der Fortsetzung einer Gütergemeinschaft kann von dem Nachlaßgerichte niedergeschlagen werden, wenn dies mit Rücksicht auf die Verhältnisse des Pflichtigen als billig erscheint.

Art. 105. Für die Bestimmung oder Verlängerung der Inventarfrist und für die Entgegennahme des Inventars, einschließlich der Anordnung wegen Aufnahme des Inventars durch einen Notar, wird, sofern der Wert des Nachlasses ohne Abzug der Schulden den Betrag von 2000 Mark übersteigt, eine Gebühr von 1 bis 10 Mark erhoben. Finden diese Handlungen in Verbindung mit einem in diesem Unterabschnitte bezeichneten Verfahren statt, so wird eine Gebühr nicht erhoben. Die Gebühr für die sämtlichen im Satz 1 bezeichneten Angelegenheiten darf den Betrag von 10 Mark nicht übersteigen.

Art. 106. Für die Aufnahme des Nachlaßinventars oder eines Nachlaßverzeichnisses durch den Gerichtsschreiber werden Gebühren nicht erhoben.

Art. 107. Für die Verhandlung in dem zur Abnahme des Offenbarungseids (§ 2006 des Bürgerlichen Gesetzbuchs) bestimmten Termine wird die Gebühr des § 43 des Reichs-Gerichtskostengesetzes erhoben.

Art. 108. Für die Verfügungen, durch die nach den §§ 2151, 2153 bis 2155, 2192, 2193 und dem § 2198 Abs. 2 des Bürgerlichen Gesetzbuchs dem Beschwerten oder einem Dritten eine Frist zur Erklärung bestimmt wird, einschließlich des sich anschließenden Verfahrens, wird eine Gebühr von 1 bis 10 Mark erhoben.

Art. 109. Für die nach den Vorschriften des Bürgerlichen Gesetzbuchs über den Testamentsvollstrecker vom Nachlaßgerichte zu treffenden Anordnungen wird ein Zehnteil der Sätze des § 8 des Reichs-Gerichtskostengesetzes erhoben. Der Berechnung der Gebühr wird im Falle des § 2224 Abs. 1 des Bürgerlichen Gesetzbuchs der Wert des Gegenstandes, bezüglich dessen Meinungsverschiedenheit besteht, im übrigen der Wert des Vermögens, auf welches sich die Testamentsvollstreckung bezieht, zu Grunde gelegt.

Art. 110. I Für die Erteilung einer Ausfertigung des Erbscheins, der im Art. 98 bezeichneten Zeugnisse sowie der gerichtlichen Verfügungen, die sich auf die Ernennung oder die Entlassung des Testamentsvollstreckers beziehen, wird die Gebühr des Art. 55 besonders erhoben.

II Die erstmalige Erteilung der Ausfertigung ist gebührenfrei.

Art. 111. I Für die Eröffnung einer Verfügung von Todes wegen wird eine Gebühr von eins vom Tausend erhoben. Die Gebühr wird nach dem Werte des Gegenstandes berechnet, über den in der Verfügung verfügt ist; die Schulden werden abgezogen.

II Besaß der Erblasser die Reichsangehörigkeit nicht, so wird die Gebühr nur nach dem Wert der Gegenstände berechnet, die sich im Inlande befinden.

III Der Mindestbetrag der Gebühr ist 1 Mark.

Art. 112. Die von Militärpersonen bei der Mobilmachung errichteten oder in amtliche Verwahrung gebrachten Testamente und Erbverträge sind von der Gebühr des Art. 111 befreit.

Art. 113. I Für die Verfügungen, durch die der Besitzer eines Testaments im Falle des § 2259 Abs. 1 des Bürgerlichen Gesetzbuchs zur Ablieferung des Testaments angehalten wird, wird eine Gebühr von 1 bis 10 Mark erhoben.

II Die gleiche Gebühr wird für die Abhaltung des Termins zur Leistung des im § 83 Abs. 2 des Gesetzes über die Angelegenheiten der freiwilligen Gerichtsbarkeit bestimmten Offenbarungseids erhoben.

Art. 114. Für die Gestattung der Einsicht der bei dem Nachlaßgerichte niedergelegten Anzeigen, Erklärungen, Inventare und Testamente sowie der im § 78 des Gesetzes über die Angelegenheiten der freiwilligen Gerichtsbarkeit erwähnten Ermittlungen, Verfügungen, Protokolle und Zeugnisse werden Gebühren nicht erhoben.

Art. 115. I Die Gebühren für die Ermittlung des Erben, für die Eröffnung einer Verfügung von Todes wegen, für die Sicherung des Nachlasses, für eine Nachlaßpflegschaft und für die Inventarerrichtung, für die Pflegschaft für einen Nacherben, der noch nicht erzeugt ist oder dessen Persönlichkeit durch ein künftiges Ereignis bestimmt wird, sowie für die Erklärung der Annahme, Ablehnung oder Kündigung des Amtes als Testamentsvollstrecker können aus dem Nachlaß entnommen werden. Für die Zahlung dieser Gebühren haften die Erben nach den Vorschriften über Nachlaßverbindlichkeiten.

II Für die in den Art. 94, 95 bestimmten Gebühren haften die Anteilsberechtigten als Gesamtschuldner.

III Soweit die in diesem Unterabschnitte bestimmten Gebühren sich nach dem Werte des Nachlasses nach Abzug der Schulden berechnen, bleiben die Verbindlichkeiten aus Pflichtteilsrechten, Vermächtnissen und Auflagen unberücksichtigt.

6. Grundbuchsachen.

Art. 116. I Jede Eintragung in das Grundbuch, einschließlich der sie begleitenden Handlungen des Grundbuchamts, unterliegt, soweit in den folgenden Artikeln nicht ein anderes bestimmt ist, einer Gebühr, welche bei einem Gegenstandswerte bis zu 100 Mark einschließlich 20 Pfennig, von mehr als 100 Mark bis zu 200 Mark einschließlich 50 Pfennig, von mehr als 200 Mark aber nicht mehr als 2000 Mark 1 Mark und bei einem Gegenstandswerte von mehr als 2000 Mark 2 Mark beträgt.

II Die Eintragungen in den Teil des Grundbuchblatts, welcher zur Eintragung des Grundstücks bestimmt ist, sind gebührenfrei. Dies gilt jedoch nicht für Eintragungen, die infolge einer Eigentumsänderung erfolgen.

Art. 117. I Hat die nämliche Eintragung gleichzeitig auf verschiedenen Grundbuchblättern desselben Eigentümers zu erfolgen, so wird die Gebühr nur einmal erhoben.

II Ist die nämliche Eintragung gleichzeitig auf den Grundbuchblättern verschiedener Eigentümer zu bewirken, so kommt für jeden Eigentümer die Gebühr besonders zur Erhebung.

III Von verschiedenen Eintragungen unterliegt eine jede der Gebühr für sich, sofern dieselben nicht auf Grund einer Verhandlung gleichzeitig auf dem nämlichen Grundbuchblatt oder auf mehreren Grundbuchblättern eines und desselben Eigentümers zu erfolgen haben. In letzterem Falle kommt nur *eine* Gebühr und bei Verschiedenheit der Sätze der höchste Betrag zur Erhebung.

IV Bei der Eintragung von Hypotheken für mehrere Versteigerungserlöse, die auf Grund derselben Verhandlung einem Gläubiger gegen die Ersteher der einzelnen gleichzeitig versteigerten Grundstücke zustehen, dürfen die Gebühren des Art. 116 zusammengerechnet den Betrag von 10 Mark nicht übersteigen.

Art. 118. I Bei der Entgegennahme der Auflassung durch das Grundbuchamt wird, wenn der Veräußerungsvertrag nicht in einer von einem bayerischen Gericht oder von einem bayerischen Notar aufgenommenen Urkunde vorliegt, neben der Gebühr des Art. 116 die Gebühr erhoben, die für die Aufnahme des Vertrags durch den Notar an diesen zu entrichten wäre.

II Das gleiche gilt für die Bestellung oder Übertragung eines Rechtes, das den Grundstücken gleichsteht.

Art. 119. I Bei der Eintragung

a) einer Hypothek, Grundschuld oder Rentenschuld,

b) der Übertragung, Belastung oder Aufhebung einer Hypothek, Grundschuld oder Rentenschuld, der Übertragung oder Belastung einer Forderung, für welche ein eingetragenes Recht als Pfand haftet, oder der Ersetzung der Forderung, für welche eine Hypothek besteht, durch eine einem anderen Gläubiger zustehende Forderung,

c) der Bestellung einer Dienstbarkeit, eines Vorkaufsrechts oder einer Reallast

wird, wenn nicht eine von einem bayerischen Notar errichtete Urkunde über das Rechtsgeschäft oder die Eintragungsbewilligung vorliegt, neben der Gebühr des Art. 116 die Gebühr erhoben, die für die Aufnahme der Urkunde durch den Notar an diesen zu entrichten wäre.

II Der Eintragung einer Hypothek, Grundschuld oder Rentenschuld steht gleich die Eintragung einer Vormerkung zur Sicherung des Anspruchs auf Einräumung eines solchen Rechts. Tritt an Stelle der Vormerkung die Eintragung des Rechtes, so werden die bei der Eintragung der Vormerkung entrichteten Gebühren angerechnet. Die Vorschrift des Satz 1 gilt nicht für Vormerkungen nach § 648 des Bürgerlichen Gesetzbuchs.

III Wenn die Eintragung zu erfolgen hat, ohne daß es hierzu der Bewilligung desjenigen bedarf, dessen Recht durch sie betroffen wird, kommt nur die Gebühr des Art. 116 zur Erhebung. Diese Vorschrift findet jedoch keine Anwendung auf die Eintragung einer Eigentümergrundschuld (§ 1196 des Bürgerlichen Gesetzbuchs) sowie auf Eintragungen, die auf Grund einer einstweiligen Verfügung erfolgen.

Art. 120. Auf die nach Art. 119 neben der Gebühr des Art. 116 zu erhebende Gebühr finden die Vorschriften des Art. 117 Abs. 1 bis 3 entsprechende Anwendung.

Art. 121. Wird auf Antrag des Eigentümers eine Sicherungshypothek eingetragen, die die Sicherung von Forderungen des Staates oder staatlicher Anstalten bezweckt, so wird nur die Gebühr des Art. 116 erhoben.

Art. 122. I Für die Erteilung eines Hypothekenbriefs oder Teilhypothekenbriefs beträgt die Gebühr ein Zehnteil der Sätze des § 8 des Reichs-Gerichtskostengesetzes.

II Diese Gebühr kommt für die über eine Gesamthypothek von verschiedenen Grundbuchämtern erteilten mehreren Briefe nur einmal zur Erhebung.

III Die Hälfte der Gebühr des Abs. 1 wird erhoben für jeden bei Verteilung einer Gesamthypothek nach § 64 der Grundbuchordnung oder im Falle des § 67 der Grundbuchordnung zu erteilenden neuen Brief.

IV Bei der Erteilung eines gemeinschaftlichen Briefes (§ 66 der Grundbuchordnung) werden die Beträge der einzelnen Hypotheken zusammengerechnet.

V Für die dem Hypothekenbriefe gemäß §§ 61 bis 63, 65 der Grundbuchordnung beizusetzenden Vermerke sowie für die durch die Änderung des Inhalts des Grundbuchs veranlaßte Ergänzung des dem Briefe angefügten Auszugs aus dem Grundbuche (§ 57 Abs. 3 der Grundbuchordnung) beträgt die Gebühr 50 Pfennig.

VI Die Bestimmungen der Abs. 1 bis 5 finden auf Grundschuldbriefe und Rentenschuldbriefe entsprechende Anwendung.

Art. 123. I Abschriften aus dem Grundbuche, ferner Abschriften von Urkunden, von denen gemäß § 11 der Grundbuchordnung oder einer auf Grund des § 93 der Grundbuchordnung erlassenen Anordnung des Staatsministeriums der Justiz Abschrift erteilt werden kann, sowie Abschriften von den noch nicht erledigten Eintragungsanträgen unterliegen einer Gebühr von 1 Mark.

II Die Gebühr kann, sofern die Verhältnisse des Empfängers oder die Geringfügigkeit des Gegenstandes eine Ausnahme begründen, von dem Grundbuchamt auf die Hälfte ermäßigt werden.

III Erfordert die Anfertigung der im Abs. 1 erwähnten Auszüge, Bescheinigungen oder Bestätigungen einen größeren Zeitaufwand, so beträgt die Gebühr 3 bis 10 Mark.

Art. 124. I Für die Zurückweisung eines Antrags auf Eintragung in das Grundbuch oder für die Bestimmung einer Frist zur Hebung des der Eintragung entgegenstehenden Hindernisses ist eine Gebühr von 1 Mark zu entrichten.

II Ist der Fall weitläufig oder verwickelt, so beträgt die Gebühr 3 bis 10 Mark.

Art. 125. I Wird der Antrag auf eine Eintragung im Grundbuche zurückgenommen, ehe die Eintragung erfolgt ist, so ist die Hälfte der im Art. 116 bestimmten Gebühr zu erheben.

II Die Hälfte der im Art. 122 bestimmten Gebühr ist zu erheben, wenn der Antrag auf Erteilung eines Hypotheken-, Grundschuld- oder Rentenschuldbriefs, die Hälfte der im Art. 123 bestimmten Gebühr ist zu erheben, wenn der Antrag auf Erteilung eines Grundbuchauszugs oder auf eine sonstige nicht in einer Eintragung bestehende Handlung des Grundbuchamts zurückgenommen oder zurückgewiesen wird.

Art. 126. Gebühren werden nicht erhoben:

1. für die Benachrichtigung des Antragstellers und des eingetragenen Eigentümers sowie aller aus dem Grundbuch ersichtlichen Personen, zu deren Gunsten die Eintragung erfolgt ist oder deren Recht durch sie betroffen wird, von der erfolgten Eintragung in das Grundbuch,
2. für die Gestattung der Einsicht des Grundbuchs, dann der im Art. 123 erwähnten Urkunden und Anträge.

7. Sonstige Gegenstände.

Art. 127. I Für die Bestätigung des Vertrags über die Annahme an Kindes Statt oder deren Aufhebung sind zwei Zehnteile der Sätze des § 8 des Reichs-Gerichtskostengesetzes zu erheben.

II Für die Versagung der Bestätigung ist die Hälfte dieser Gebühr zu erheben.

Art. 128. Die Gebühr für die Feststellung des Datums einer Privaturkunde, einschließlich der über die Vorlage auszustellenden Bescheinigung beträgt 3 Mark.

Art. 129. I Die Vornahme von Siegelungen und Entsiegelungen durch den Gerichtsschreiber unterliegt einer Gebühr von 2 Mark, sofern nicht eine Gebühr nach Art. 101 zum Ansatze zu kommen hat.

II In den Fällen der §§ 122, 123 der Reichs-Konkursordnung werden für die Vornahme von Siegelungen und Entsiegelungen sowie für die Vornahme der Verrichtungen einer Urkundsperson durch den Gerichtsschreiber Gebühren nicht erhoben.

Art. 130. Für die Bestellung eines Vertreters des Eigentümers des Grundstücks im Falle des § 1141 Abs. 2 des Bürgerlichen Gesetzbuchs wird eine Gebühr von 2 Mark erhoben.

Art. 131. Eine Gebühr von 1 Mark wird erhoben:

1. für die Vernehmung der Sachverständigen zur Ermittlung des Wertes von Grundstücken nach Art. 87 oder Art. 103 des Ausführungsgesetzes zum Bürgerlichen Gesetzbuche,
2. für die Bewilligung der öffentlichen Zustellung einer Willenserklärung nach § 132 Abs. 2 des Bürgerlichen Gesetzbuchs,
3. für die Bewilligung der Veröffentlichung der Kraftloserklärung einer Vollmachtsurkunde nach § 176 Abs. 2 des Bürgerlichen Gesetzbuchs.

Art. 132. Für die Verhandlung in dem zur Abnahme des Offenbarungseids bestimmten Termine nach den §§ 259, 260, 2028, 2057 des Bürgerlichen Gesetzbuchs wird die Gebühr des § 43 des Reichs-Gerichtskostengesetzes erhoben.

Art. 133. Für die Entscheidung über die Art des Pfandverkaufs nach § 1246 Abs. 2 des Bürgerlichen

Gesetzbuchs werden zwei Zehnteile der Sätze des § 8 des Reichs-Gerichtskostengesetzes erhoben.

Art. 134. Für die Bestellung eines Verwahrers, einschließlich der Bestimmung seiner Vergütung, nach den §§ 432, 1217, 1281, 2039 des Bürgerlichen Gesetzbuchs werden drei Zehnteile der Sätze des § 8 des Reichs-Gerichtskostengesetzes erhoben.

Art. 135. Für die Bestellung eines Dispacheurs, einschließlich der Bestimmung seiner Vergütung, werden drei Zehnteile der Sätze des § 8 des Reichs-Gerichtskostengesetzes erhoben.

Art. 136. Wird bei dem Gericht eine Verhandlung über die vom Dispacheur aufgemachte Dispache beantragt, so werden für das gesamte Verfahren vier Zehnteile der Sätze des § 8 des Reichs-Gerichtskostengesetzes erhoben. Als Wert des Gegenstandes ist der Betrag des Havereischadens anzusehen, wenn jedoch der Wert des Geretteten an Schiff, Fracht und Ladung geringer ist, dieser geringere Betrag. Wird die Dispache bestätigt, so haften die am Verfahren Beteiligten für die Kosten als Gesamtschuldner.

Art. 137. In den Fällen, in denen nach den Vorschriften des bürgerlichen Rechtes jemand den Zustand oder den Wert einer Sache durch Sachverständige feststellen lassen kann, werden für die Vernehmung der Sachverständigen drei Zehnteile der Sätze des § 8 des Reichs-Gerichtskostengesetzes erhoben.

Art. 138. Soweit nicht reichsgesetzlich oder in diesem Gesetz ein anderes bestimmt ist, werden für die Erledigung der im Handelsgesetzbuch, in dem Genossenschaftsgesetz und in dem Gesetze, betreffend die Gesellschaften mit beschränkter Haftung, den Gerichten zugewiesenen, von der Zivilprozeßordnung oder der Konkursordnung nicht betroffenen Angelegenheiten, welche eine Entscheidung des Gerichts erfordern sowie von den Angelegenheiten ähnlicher Art drei Zehnteile der Sätze des § 8 des Reichs-Gerichtskostengesetzes erhoben.

Art. 139. Auf die gerichtliche Festsetzung der einem Beteiligten zu erstattenden Kosten, auf Zeugnisse über die Rechtskraft sowie auf die nach Art. 130 des Ausführungsgesetzes zum Bürgerlichen Gesetzbuch angeordneten Zwangsmaßregeln finden die Vorschriften des Reichs-Gerichtskostengesetzes entsprechende Anwendung.

Art. 140. Für die Entscheidungen nach dem § 29, § 37 Abs. 2, § 48 Abs. 1 und § 60 des Bürgerlichen Gesetzbuchs, einschließlich des sie begleitenden gerichtlichen Verfahrens, wird eine Gebühr von 2 bis 10 Mark erhoben.

Art. 141. I In dem Verfahren nach den §§ 132 bis 139 des Gesetzes über die Angelegenheiten der freiwilligen Gerichtsbarkeit werden in jeder Instanz fünf Zehnteile der Sätze des § 8 des Reichs-Gerichtskostengesetzes erhoben:

1. für die Festsetzung einer Ordnungsstrafe,
2. für die Verhandlung nach § 134,
3. für die Anordnung einer Beweisaufnahme.

II Die Gebühr für die Anordnung einer Beweisaufnahme wird nur zur Hälfte erhoben, wenn die Beweisaufnahme weder ganz noch teilweise stattgefunden hat.

III Diese Gebühren werden in jedem Verfahren nur einmal erhoben. Jede Wiederholung der Ordnungsstrafe gilt als ein besonderes Verfahren.

IV Als Wert des Streitgegenstandes ist die Höhe der festgesetzten Ordnungsstrafe anzusehen.

V Für die Androhung von Strafen werden Gebühren nicht erhoben.

Art. 142. Die Vorschriften des Art. 141 finden auf andere Fälle der Festsetzung von Ordnungsstrafen, insbesondere nach den §§ 151, 159 des Gesetzes über die Angelegenheiten der freiwilligen Gerichtsbarkeit, entsprechende Anwendung.

III. Abschnitt.

Verhandlungen der Notare.[1])

Art. 143. I Für die durch den Notar erfolgte Vermittlung der Auseinandersetzung in Ansehung eines Nachlasses oder des Gesamtguts einer ehelichen oder

---

1) VK 16.

einer fortgesetzten Gütergemeinschaft wird eine Gebühr nicht erhoben.

II Auf die Festsetzung der einem Beteiligten zu erstattenden Kosten finden die Vorschriften des Reichs-Gerichtskostengesetzes entsprechende Anwendung.

III Für die von dem Notar erfolgte Erteilung der im Art. 99 bezeichneten Zeugnisse und Bescheinigungen wird eine Gebühr nicht erhoben.

Art. 144. Auf die durch den Notar eröffneten Testamente und Erbverträge findet der Art. 111 Anwendung.

Art. 145. I Für die Übernahme von Testamenten oder Erbverträgen, die nicht vor dem Notar errichtet sind, zur amtlichen Verwahrung ist eine Gebühr von 3 Mark zu erheben.

II Die Erteilung des Hinterlegungsscheins ist gebührenfrei.

Art. 146. I Die Zurücknahme eines hinterlegten Testaments oder Erbvertrags unterliegt einer Gebühr von 1 Mark.

II Wird bei der Zurücknahme eines hinterlegten Testaments oder Erbvertrags gleichzeitig ein neues Testament dem Notar in amtliche Verwahrung übergeben, so ist nur die Gebühr des Art. 145 Abs. 1 zu erheben. Wird gleichzeitig ein neues Testament oder ein neuer Erbvertrag vor dem Notar errichtet, so wird für die Zurücknahme eine Gebühr nicht erhoben.

Art. 147. Eine Gebühr von 2 Mark wird erhoben:

1. für die Anlegung und für die Abnahme von Siegeln, sofern nicht die Gebühr des Art. 101 zum Anfalle gelangt,
2. für die Abnahme von Versicherungen an Eides Statt, die abgegeben werden, um einer öffentlichen Behörde eine tatsächliche Behauptung oder eine Aussage glaubhaft zu machen,
3. für die eidliche Vernehmung von Zeugen und Sachverständigen, für die Abnahme von Eiden und die Bewirkung von Zustellungen in den Fällen, in denen die eidliche Vernehmung, die Eidesabnahme oder die Zustellung nach dem Rechte

eines ausländischen Staates oder nach den Bestimmungen einer ausländischen Behörde von einem Notar vorgenommen werden soll.

Art. 148. Für einen Teilhypothekenbrief, Teilgrundschuldbrief oder Teilrentenschuldbrief beträgt die Gebühr ein Zehnteil der Sätze des § 8 des Reichs-Gerichtskostengesetzes.

Art. 149. Für die Vernehmung von Sachverständigen zur Ermittlung des Wertes von Grundstücken nach nach Art. 87 oder Art. 103 des Ausführungsgesetzes zum Bürgerlichen Gesetzbuche wird eine Gebühr von 1 Mark erhoben.

Art. 150. Für die Feststellung des Datums einer Privaturkunde einschließlich der über die Vorlage auszustellenden Bescheinigung wird eine Gebühr von 2 Mark erhoben.

Art. 151. Gebühren werden nicht erhoben:

1. für die Korrespondenzen der Notare, insbesondere die von ihnen erstatteten Berichte, für Mitteilungsschreiben mit oder ohne Antragstellung und Zustellungsaufträge sowie für Anzeigen und Bekanntmachungen;
2. für die Übernahme in amtliche Verwahrung, Zurückgabe, Verkündung oder Vorlegung der von Militärpersonen bei der Mobilmachung errichteten Testamente und Erbverträge.

V. Abteilung.

Justiz-, innere und Finanz-Verwaltung, Verwaltungsrechtspflege.

Art. 152. Auf dem Gebiete der Justiz-, inneren und Finanz-Verwaltung sowie der Verwaltungsrechtspflege unterliegen der Gebühr:

Protokolle, Beschlüsse und Verfügungen, Bescheide, Zeugnisse, Beglaubigungen und die außerdem noch in diesem Gesetze besonders bezeichneten Gegenstände und Amtshandlungen.

Art. 153. I Bei den Distriktsverwaltungsbehörden und den diesen Behörden nach Art. 155 gleichzuachtenden Behörden [1]) werden, soweit in den folgenden Artikeln nicht ein anderes bestimmt ist, erhoben:

1. für Protokolle 1 Mark für jede angefangene Stunde der Geschäftsdauer,
2. für Zeugnisse (Atteste, Bescheinigungen) 2 bis 50 Mark,
3. für Beschlüsse, Bescheide und Verfügungen 2 bis 200 Mark,
4. für die Beglaubigung einer Privatabschrift oder der Unterschrift in einer öffentlichen oder Privaturkunde (Legalisation), dann für die Beglaubigung von Ausfertigungen, Abschriften oder Auszügen, die nicht von Amts wegen zu erteilen sind, 2 Mark.

II Wird ein Antrag oder ein Rechtsmittel zurückgenommen, nachdem die Behörde in die Sachbehandlung eingetreten ist, so wird die Hälfte der Gebühr erhoben, welche für die beantragte Amtshandlung zu erheben gewesen wäre. Diese Gebühr kann bis auf 50 Pfennig ermäßigt werden.

Art. 154. Die Gebührensätze des Art. 153 erhöhen sich bei den Mittelstellen [1]) um die Hälfte, bei den Ministerien, dem Obersten Landesgericht und dem Verwaltungsgerichtshof auf den doppelten Betrag.

Art. 155. Die Staatsregierung bestimmt, welche Behörden und Stellen den in Art. 153, 154 angeführten Behörden und Stellen gleichzuachten sind. [1])

Art. 156. I Müssen zur Vornahme des Geschäfts Reisen über Land gemacht werden, so ist der zur Reise erforderliche Zeitaufwand bei der Berechnung der Gebühr nicht mit in Anschlag zu bringen.

II Werden in einem Protokolle mehrere Personen als gleichzeitig anwesend aufgeführt und findet mit allen Aufgeführten nur eine gleichzeitige Verhandlung statt, so ist auch die Protokollgebühr nur einmal zu erheben. Wenn dagegen mit jedem einzelnen eine gesonderte Verhandlung stattfindet, so sind für jede Person die Ge-

[1]) VK 11.

bühren nach Maßgabe der auf die Verhandlung verwendeten Zeit besonders zu erheben.

Art. 157. Die Gebühren für Protokolle haben ohne Rücksicht auf die Form der Erledigung auch bei Verhandlungen zur Anwendung zu kommen, für die keine besondere Gebühr bestimmt ist. Dies gilt auch für Aufzeichnungen von Beamten oder Organen einer Behörde über Untersuchungen oder Besichtigungen.

Art. 158. Die Gebühren für Beschlüsse, Verfügungen, Bescheide und Zeugnisse werden ohne Rücksicht auf die Zahl der beteiligten Personen immer nur einfach erhoben.

Art. 159. Eine Gebühr von 20 Pfennig wird erhoben:

1. für die schriftliche Erteilung eines Wohnungsaufschlusses,
2. für Dienstbotenbücher und für Arbeitsbücher mit Ausnahme solcher für Arbeiter unter 21 Jahren.

Art. 160. Eine Gebühr von 50 Pfennig wird erhoben:

1. für Duplikate der Dienstbotenbücher und der Arbeitsbücher,
2. für Familienstandszeugnisse und Lebensatteste,
3. für Radfahrkartenduplikate.

Art. 161. Eine Gebühr von 1 Mark wird erhoben:

1. für Jagdkarten- und Fischerkartenduplikate,
2. Heimatsscheine und Staatsangehörigkeitsausweise,
3. einfache Leumundszeugnisse oder Führungsatteste.

Art. 162. I Für die Aufbewahrung der bei den Gerichten, den Notaren oder gemäß Art. 76 Abs. 3 des Gesetzes zur Ausführung des Reichs-Gerichtsverfassungsgesetzes in der Fassung des Art. 167 des Ausführungsgesetzes zum Bürgerlichen Gesetzbuche bei der Königlichen Bank oder bei Kassen des Staates hinterlegten Gelder und Wertpapiere können besondere Gebühren (Hinterlegungsgebühren) erhoben werden.

II Die Gebührensätze werden durch Königliche Verordnung bestimmt.[1])

Art. 163. I Für Reisepässe und Paßkarten beträgt die Gebühr:

1. 1 Mark, wenn sie von einer Gesandtschaft oder von einer Kreisregierung oder einer dieser untergeordneten Paßbehörde,
2. 3 Mark, wenn sie von dem Staatsministerium des Königlichen Hauses und des Äußern ausgestellt werden.

II Für unbemittelte Personen kann die Gebühr bis auf 20 Pfennig ermäßigt werden.

III Die Instruktionsverhandlungen sind gebührenfrei.

Art. 164. Für die das Heimatrecht verleihenden Urkunden (Art. 13 des Heimatgesetzes vom 16. April 1868 in der Fassung vom 30. Juli 1899) wird eine Gebühr von 2 Mark erhoben.

Art. 165. I Für Wandergewerbescheine sowie für Gewerbelegitimationskarten der Handelsreisenden wird eine Gebühr von 5 Mark, für sonstige Gewerbelegitimationsscheine jeder Art wird eine Gebühr von 2 Mark erhoben.

II Für die Ausdehnung der Gültigkeit von Legitimationsscheinen zum Gewerbebetrieb im Umherziehen auf einen anderen Bezirk durch die zuständige Behörde dieses Bezirkes wird eine Gebühr von 2 Mark, wenn aber ein Teil dieses Bezirkes zum Zollgrenzbezirke gehört, eine Gebühr von 4 Mark erhoben.

III Die für den gewerblichen Unterricht bestimmten besonderen Abgaben werden hierdurch nicht berührt; sie dürfen bis zum Betrage von 100 Mark erhoben werden.

Art. 166. Für die Entgegennahme der Anzeige über den Beginn des Kleinhandels mit Bier (§ 35 Abs. 7 der Reichsgewerbeordnung), ferner für die Entgegennahme der Anzeige nach § 115 Abs. 1 des Reichsgesetzes über die privaten Versicherungsunternehmungen wird eine Gebühr von 20 bis 200 Mark erhoben.

Art. 167. I Die Urkunden über die Entlassung aus der Staatsangehörigkeit in anderen als den im § 21 des

[1]) VK 9.

Reichs- und Staatsangehörigkeitsgesetzes vom 22. Juli 1913 bezeichneten Fällen unterliegen einer Gebühr von 3 Mark.

II Für die Urkunden über die Einbürgerung oder die Anstellung von Ausländern wird eine Gebühr von 20 bis 50 Mark erhoben, wenn nicht dem Eingebürgerten oder Angestellten ein Rechtsanspruch auf die Einbürgerung zustand. Die Gebühr kann im Falle der Dürftigkeit des Gesuchstellers bis auf 5 Mark ermäßigt werden.

III Die Instruktionsverhandlungen sind gebührenfrei.

Art. 168. I Tanzmusikbewilligungen unterliegen für jeden Tag einer Gebühr zu

5 Mark in Gemeinden von mehr als 2000 Einwohnern,

3 Mark in allen übrigen Gemeinden.

II Die besondere Abgabe, die außerdem noch zugunsten der gemeindlichen Armenkasse zu entrichten ist, beträgt für jeden Tag

2 Mark in Gemeinden von mehr als 2000 Einwohnern,

1 Mark in allen übrigen Gemeinden.

III Die Gemeinden können nach Maßgabe der Gemeindeordnungen höhere Sätze für die im Abs. 2 bestimmte Abgabe beschließen.

Art. 169. I Für die Entscheidung einschließlich des vorangegangenen Verfahrens werden erhoben:

1. 20 bis 200 Mark
   a) für die Genehmigung der Änderung eines Familiennamens,
   b) für die Verleihung der Rechtsfähigkeit an Vereine, deren Zweck auf einen wirtschaftlichen Geschäftsbetrieb gerichtet ist,
2. die volle Gebühr des § 8 des Reichs-Gerichtskostengesetzes:
   a) für die Volljährigkeitserklärung; steht jedoch der Minderjährige unter Vormundschaft, so wird für die Volljährigkeitserklärung nur eine Gebühr von einem Zehnteile der Sätze des § 8 des Reichs-Gerichtskostengesetzes erhoben; das gleiche gilt,

wenn der Mutter des Minderjährigen ein Beistand bestellt ist und die Gebühr für die Beistandschaft sich nach dem ganzen Vermögen des Minderjährigen berechnet;

b) für die Bewilligung einer nach den §§ 1303, 1313 des Bürgerlichen Gesetzbuchs zulässigen Befreiung;

c) für die **Ehelichkeitserklärung;**

d) für die Bewilligung der Befreiung von einem der Erfordernisse des § 1744 des Bürgerlichen Gesetzbuchs;

3. das Zweifache der Gebühr des § 8 des Reichs-Gerichtskostengesetzes für die Bewilligung einer nach § 1312 des Bürgerlichen Gesetzbuchs zulässigen Befreiung.

II In den Fällen der Ziff. 2 und 3 des Abs. 1 wird der Wert, aus dem die Gebühr zu berechnen ist, unter Berücksichtigung der Vermögens- und Erwerbsverhältnisse festgesetzt. Die Gebühr kann beim Vorliegen besonderer Umstände bis auf ein Viertel ermäßigt werden.

III Vorstehende Gebühren werden im Falle der Abweisung des Gesuchs nur zur Hälfte und, wenn dieses noch vor Erlaß der Entscheidung zurückgenommen wird, zu zwei Zehnteilen erhoben.

Art. 170. I Für die Erklärung, daß die geschiedene Frau den Familiennamen wieder annimmt oder daß der Ehemann der geschiedenen Frau die Führung des Namens untersagt (§ 1577 des Bürgerlichen Gesetzbuchs), wird eine Gebühr von 3 bis 50 Mark erhoben.

II Das gleiche gilt für die Erklärung des Mannes der Mutter eines unehelichen Kindes, daß er dem Kinde seinen Namen erteile (§ 1706 des Bürgerlichen Gesetzbuchs).

Art. 171. I Für die von Amts wegen zu erteilenden Ausfertigungen, Abschriften und Auszüge werden auch in Parteisachen keine besonderen Gebühren erhoben.

II Wird jedoch auf Verlangen einer Partei eine weitere Ausfertigung, eine beglaubigte Abschrift oder ein beglaubigter Auszug erteilt, so ist hierfür die Beglaubigungsgebühr (Art. 153 Ziff. 4) und außerdem noch eine Schreibgebühr zu entrichten. Die Schreibgebühr beträgt für die Seite, die mindestens zwanzig Zeilen enthält, 20 Pfennig und für die Seite, die mindestens dreißig Zeilen enthält, 30 Pfennig, auch wenn die Herstellung auf mechanischem Wege stattgefunden hat. Die Zeile muß durchschnittlich zwölf Silben enthalten. Eine angefangene Seite wird mit 20 Pfennig berechnet. Für Schriftstücke, die in fremden Sprachen abgefaßt sind oder deren Fertigung besondere paläographische Kenntnisse erfordert, dann für Schriftstücke in tabellarischer Form sowie für Verzeichnisse, Listen, Rechnungen, Handzeichnungen kann die Höhe der Schreibgebühr von der Staatsregierung anderweit bestimmt werden.[1])

III Einfache Abschriften unterliegen lediglich der im Abs. 2 bestimmten Schreibgebühr.

IV Bei Duplikaten und weiteren Ausfertigungen von rentamtlichen Steuerkatasterextrakten sowie bei Auszügen aus den rentamtlichen Grundbüchern ist für das erste Blatt eine Gebühr von 50 Pfennig und für jede folgende angefangene Seite die einfache Schreibgebühr von 20 Pfennig zu entrichten.

V Hinsichtlich der Schreibgebühren für Duplikate von Militärpapieren und des Bezugs dieser Gebühren bewendet es bei den bestehenden Vorschriften.

VI Die Kosten der Ausfertigung von Diplomen werden besonders erhoben.

Art. 172. I So oft in einem rentamtlichen Steuerkataster oder Grundbuch oder im Verleihungsbuche der Bergbehörde Besitzobjekte ganz oder teilweise an einer Stelle ab- und an einer anderen zugeschrieben werden müssen, ist eine Umschreibgebühr von 20 Pfennig für jedes Besitzobjekt (Plannummer) zu entrichten.

II Die gleiche Gebühr wird für jede einfache Namensumschreibung in den rentamtlichen Steuerkatastern oder Grundbüchern oder im Verleihungsbuche der Bergbehörde erhoben.

III Berechnen sich die vorbezeichneten Gebühren aus ein und demselben Besitzveränderungsakt im ganzen

---

[1]) VK 10.

auf mehr als 5 Mark, so ist von dem Mehrbetrage nur die Hälfte zu entrichten.

IV Die Zahlung der Umschreibgebühren obliegt dem neuen Erwerber.

V Für die Anlegung des Gewerkenbuchs wird eine Gebühr von 10 bis 100 Mark erhoben. Für jede Umschreibung im Gewerkenbuch ist eine Umschreibgebühr von 20 Pfennig für jeden Kux zu entrichten.

Art. 173. I An Auslagen werden in den Angelegenheiten der Justiz-, inneren und Finanzverwaltung sowie in der Verwaltungsrechtspflege, abgesehen von den Schreibgebühren nach den Art. 171, 172, erhoben:

1. Die Post- und Telegraphengebühren sowie die im Fernverkehre zu entrichtenden Fernsprechgebühren;
2. die durch Einrückung einer Bekanntmachung in öffentliche Blätter oder durch sonstige Veröffentlichung einer Bekanntmachung entstehenden Kosten;
3. die an Zeugen und Sachverständige zu zahlenden Gebühren;
4. die bei Geschäften außerhalb der Amtsstelle den Beamten und Bediensteten zustehenden Tagegelder und Reisekosten;
5. die Vorlade- und Zustellgebühren;
6. die an andere Behörden oder Beamte oder sonstige Personen für deren Tätigkeit zu zahlenden Beträge.

II In den Angelegenheiten der Art. 3, 180 Ziff. 4 bis 27 werden die unter Abs. 1 Ziff. 1 und 5 bezeichneten Auslagen nicht erhoben.

Art. 174. I Bei den Gemeindebehörden, die einem Bezirksamt unterstehen, werden die in den Art. 153, 165 bestimmten Gebühren nur zur Hälfte erhoben.

II Die nähere Bestimmung der Angelegenheiten, in denen bei diesen Gemeindebehörden die Gebühren des Art. 153 erhoben werden, erfolgt durch Königliche Verordnung.[1])

Art. 175. Soweit gebührenpflichtige Amtshandlungen der in dieser Abteilung bezeichneten Art von Gemeinde-

[1]) VK 12.

behörden ausgehen, werden die Gebühren und Auslagen für die Gemeindekasse erhoben. In solchen Fällen haben die Gemeinden die Kosten der Formulare zu tragen.

Art. 176. I Schuldner der Gebühren und Auslagen ist:

1. in Verwaltungsstreitsachen der Streitsteil, dem durch Entscheidung der Behörde die Kosten auferlegt sind,
2. bei der Erteilung einer Konzession, Genehmigung oder Erlaubnis derjenige, der die Konzession, Genehmigung oder Erlaubnis erhalten hat,
3. in den übrigen Fällen derjenige, der die Amtshandlung, für welche die Gebühren oder Auslagen entstanden sind, veranlaßt oder in dessen Interesse die Behörde die Amtshandlung vorgenommen hat.

II In den Fällen des Abs. 1 können die durch einen Mitbewerber oder durch unbegründete Einwendungen eines widersprechenden Dritten entstandenen besonderen Gebühren oder Auslagen dem Mitbewerber oder dem widersprechenden Dritten auferlegt werden.

III Die Verpflichtung des Antragstellers zur Zahlung der Gebühren und Auslagen besteht auch in den Fällen des Abs. 1 Ziff. 1 und 2, wenn die Gebühren oder Auslagen von demjenigen, dem die Kosten auferlegt sind oder der die Konzession, Genehmigung oder Erlaubnis erhalten hat, nicht beigebracht werden können.

Art. 177. I Die Gebühren werden fällig mit der Vornahme der gebührenpflichtigen Amtshandlung, die Auslagen mit ihrer Entstehung.

II In den Fällen des Art. 176 Abs. 1 Ziff. 1 und 2 bleibt die Erhebung der Gebühren und Auslagen bis zur rechtskräftigen Erledigung der Sache ausgesetzt.

Art. 178. I Bei Anträgen auf Vornahme einer Handlung, mit der bare Auslagen verbunden sind, ist auf Verlangen ein zu ihrer Deckung hinreichender Vorschuß von dem Antragsteller zu zahlen.

II Die Ladung und Vernehmung von Zeugen oder Sachverständigen auf Antrag der Parteien kann von der vorgängigen Zahlung eines zur Deckung der Auslagen hinreichenden Vorschusses abhängig gemacht werden.

Art. 179. Die Aushändigung von Zeugnissen sowie der in den Art. 153 Abs. 1 Ziff. 4, Art. 159 bis 161, 163 bis 165, 167 bis 169, 171 Abs. 2, 3 bezeichneten Urkunden und Schriftstücke kann von der vorherigen Zahlung der dafür geschuldeten Gebühren und Auslagen abhängig gemacht werden. An Stelle der Zurückbehaltung kann die Übersendung an den empfangsberechtigten Zahlungspflichtigen unter Nachnahme der Gebühren und Auslagen mittels der Post erfolgen.

Art. 180. [I] Gebühren werden nicht erhoben:

1. für Berichte und Schreiben an andere Behörden;
2. für Verfügungen, die ausschließlich die formelle Handhabung und Kontrolle des inneren Dienstes zum Gegenstande haben oder lediglich die Sachleitung betreffen, einschließlich der Bestimmung oder Änderung von Fristen und Terminen, sofern kein Verschulden einer Partei vorliegt;
3. für bloße Auskunftserteilungen, Ratschläge, Vermittlungen, Anregungen u. dergl.;
4. in dem Verfahren wegen Ablehnung eines Beamten;
5. für die Verhandlung und Entscheidung über die Pflicht zur Abgabe eines Zeugnisses oder Gutachtens;
6. für die Verhandlungen und Entscheidungen des Verwaltungsgerichtshofs nach Art. 7 Abs. 2 des Gesetzes über den Verwaltungsgerichtshof vom 8. August 1878, falls durch die Entscheidung des Verwaltungsgerichtshofs festgestellt wird, daß der Beamte sich einer Überschreitung seiner Amtsbefugnisse oder der Unterlassung einer ihm obliegenden Amtshandlung schuldig gemacht hat;
7. für das Verfahren in der Beschwerdeinstanz, sofern der Beschwerde vollständig stattgegeben wird und die Kosten nicht einem Gegner zur Last fallen;

8. in der Zwangsvollstreckung mit Ausnahme des Verfahrens in der Beschwerdeinstanz;
9. bei Gesuchen um Gewährung von Stundungen, Zahlungsfristen oder Nachlässen;
10. für Verhandlungen und Beschlüsse in Innungs-, Handelskammer- und Handwerkskammerangelegenheiten;
11. für die Gestattung der Einsicht der bergamtlichen Bücher und Pläne;
12. bei Gesuchen um Verleihung von Unterstützungen, Stipendien, Freiplätzen, Erziehungsbeiträgen und Präbenden, dann bei Gesuchen um Verleihung des Tischtitels oder um Anweisung des Tischtitelgenusses;
13. in Begnadigungssachen;
14. für Verhandlungen, die im kaufmännischen oder sonstigen gewerblichen Verkehr öffentlicher Behörden und Anstalten mit Privaten gepflogen werden;
15. für Zeugnisse über Armut oder Unterstützungsbedürftigkeit;
16. für Zeugnisse zu Zwecken der Festsetzung von Ruhe-, Witwen- und Waisengeldern, Unterhaltsbeiträgen u. dergl.;
17. für Leumundszeugnisse in Niederlassungssachen, dann für die Legalisation von Leumundszeugnissen oder Führungsattesten, Familienstandszeugnissen und Lebensattesten;
18. für Zeugnisse zur Preisbewerbung bei landwirtschaftlichen Festen;
19. für Zeugnisse zur Aufnahme in die Hebammenschule;
20. für Schul-, Studien-, Abgangs-, Reife-, Prüfungs- und sonstige derartige Zeugnisse der öffentlichen Unterrichtsanstalten;
21. für die Zeugnisse der Vermittlungsämter;
22. für Bescheinigungen über Gewerbebetriebs-Anzeigen;
23. bei Gesuchen um die Erteilung der polizeilichen

Erlaubnis zur Abgabe von Ehrensalven bei Beerdigung von ehemaligen Feldzugssoldaten;

24. bei Gesuchen um Bewilligung zur Annahme von Kostkindern nach Art. 41 des Polizeistrafgesetzbuchs;
25. in dem Verfahren der Behörden der inneren Verwaltung zum Vollzuge des Art. 34 oder des Art. 40 des Forstgesetzes;
26. in dem Verfahren der Behörden der inneren Verwaltung in viehseuchenpolizeilichen Angelegenheiten;
27. für die in den Tarifstellen 7, 15, 21, 26, 40 und 44 des Stempelgesetzes angeführten Zeugnisse, Briefe, Diplome, Scheine und Karten.

II Wird der Beschwerde (Abs. 1 Ziff. 7) nur zum Teil stattgegeben, so kann die entscheidende Behörde teilweise oder auch vollständige Gebührenfreiheit gewähren.

Art. 181. I Die Verwaltungsbehörden sind unbeschadet des Erinnerungs- und Beschwerderechts der Staatskasse befugt, Gebühren, die durch unrichtige Sachbehandlung ohne Schuld der Beteiligten entstanden sind, niederzuschlagen oder außer Ansatz zu lassen. Das gleiche gilt, wenn bei abweisenden Bescheiden oder im Falle der Zurücknahme eines Antrags oder Rechtsmittels die Stellung des Antrags oder die Einlegung des Rechtsmittels auf nicht anzurechnender Unkenntnis der Verhältnisse oder auf Unwissenheit beruht. Wird in diesen Fällen eine Gebühr nicht erhoben, so bleiben auch Schreibgebühren und Postgebühren außer Ansatz.

II Die Distriktsverwaltungsbehörden und die ihnen nach Art. 155 gleichzuachtenden Behörden sind unbeschadet des Erinnerungs- und Beschwerderechts der Staatskasse befugt, in Fällen, in denen die Verhältnisse des Schuldners oder die Geringfügigkeit des Gegenstandes eine Ausnahme begründen, die nach Art. 153 Abs. 1 Ziff. 2 bis 4 geschuldete Gebühr bis auf 1 Mark zu ermäßigen.

Art. 182. Ist ein Verfahren, für das nach den bestehenden Landesgesetzen oder Verordnungen eine Gebühr nicht zu erheben wäre, nach freier Überzeugung der Behörde mutwillig veranlaßt worden, so hat die Behörde eine Gebühr von 2 bis 200 Mark von Amts wegen festzusetzen.

Art. 183. I Streitfragen über die Verpflichtung zur Entrichtung von Kosten oder über deren Größe werden, soweit sie bei den im Art. 174 bezeichneten Gemeindebehörden anfallen, von den vorgesetzten Distriktsverwaltungsbehörden in erster und auf erhobene Beschwerde von der Kreisregierung, Kammer des Innern, in zweiter und letzter Instanz entschieden.

II Streitfragen in Bezug auf Kosten, die bei den im Art. 154 bezeichneten Mittelstellen oder den ihnen untergeordneten Behörden anfallen, werden von den genannten Mittelstellen in erster und auf erhobene Beschwerde von dem zuständigen Ministerium in zweiter und letzter Instanz entschieden.[1])

III Wird in einer zur Zuständigkeit des Verwaltungsgerichtshofs gehörigen Angelegenheit in der Hauptsache Beschwerde an den Verwaltungsgerichtshof ergriffen, so entscheidet dieser auch über Beschwerden wegen der Kosten, wenn sie mit der Beschwerde in der Hauptsache verbunden werden.

IV Wegen des Ansatzes der bei den Ministerien, dem Obersten Landesgericht und dem Verwaltungsgerichtshof anfallenden Kosten findet nur Gegenvorstellung statt.

V Das Verfahren in erster Instanz sowie die Bescheidung von Gegenvorstellungen ist gebührenfrei.

VI Die Gegenvorstellungen und Beschwerden haben keine aufschiebende Wirkung.

Art. 184. Die Ansätze von Kosten sowie die Entscheidungen über die Verpflichtung zu deren Entrichtung oder über deren Größe können von der Behörde der Instanz oder den Oberbehörden von Amts wegen geändert werden.

---

1) VK 13.

VI. Abteilung.

Allgemeine Bestimmungen.

Art. 185. Wenn dieses Gesetz für den Ansatz einer Gebühr einen Spielraum gewährt, hat die Behörde den von ihr anzusetzenden Betrag unter Berücksichtigung des Umfanges und der Schwierigkeit der Sache, ihrer Bedeutung für das bürgerliche Leben und der Leistungsfähigkeit des Pflichtigen zu bestimmen.[1])

Art. 186. Ist der Kostenpflichtige durch einen Rechtsanwalt vertreten, so haftet dieser für die Kosten nur, wenn er deren Zahlung für die Partei ausdrücklich übernommen hat.

Art. 187. I Für die Erledigung des Ersuchens einer nichtbayerischen Behörde in Angelegenheiten, auf die das Reichs-Gerichtskostengesetz keine unmittelbare Anwendung findet, kommen Gebühren nach Maßgabe dieses Gesetzes zur Erhebung. Die Staatsregierung ist ermächtigt, für solche Fälle andere Gebührensätze zu bestimmen.

II Sieht dieses Gesetz eine Gebühr nicht vor, so können besondere Gebühren erhoben werden, deren Höhe die Staatsregierung bestimmt.

III Die mit der Erledigung des Ersuchens verbundenen Auslagen sind zu erstatten.

IV Die Vornahme der Amtshandlung kann von der vorgängigen Zahlung eines zur Deckung der Kosten hinreichenden Vorschusses abhängig gemacht werden.

V Kosten werden nicht erhoben, soweit die Gegenseitigkeit verbürgt ist. Ob diese Voraussetzung gegeben ist, entscheidet die Staatsregierung.

VI Vereinbarungen mit anderen Staaten über die Kostenpflicht bleiben vorbehalten.

Art. 188. I In Angelegenheiten, auf die das Reichs-Gerichtskostengesetz keine unmittelbare Anwendung findet, kann gegenüber Ausländern, die in Bayern keinen ständigen Wohnsitz haben, dringende Fälle ausgenommen, jede kostenpflichtige amtliche Tätigkeit von der vorgängigen Zahlung eines zur Deckung der Kosten hin-

---

[1]) VK 14.

reichenden Vorschusses abhängig gemacht werden, auch wenn sie von einem bayerischen Rechtsanwalte vertreten sind.

II Die Staatsregierung ist ermächtigt, in solchen Angelegenheiten gegenüber Ausländern besondere Gebührensätze zu bestimmen und für Verhandlungen, die an sich gebührenfrei wären, die Erhebung von Gebühren anzuordnen.

Art. 189. I In Badeorten, klimatischen und anderen Kurorten können für die Herstellung und Unterhaltung der zu Kurzwecken getroffenen Veranstaltungen Kurtaxen erhoben werden. Die Erhebung solcher als örtlicher Abgaben kann auch den Gemeinden gestattet werden.

II Die näheren Bestimmungen erfolgen durch die Staatsregierung.

Art. 190. I Bei der Ausstellung von Lehenbriefen, Adelsdiplomen und Diplomen über die Bewilligung zur Änderung adeliger Namen oder Wappen können Kosten für die Ausfertigung der Briefe und Diplome erhoben werden.

II Bei der Ausstellung der in Art. 180 Ziff. 20 angeführten Zeugnisse der öffentlichen Unterrichtsanstalten können besondere Gebühren für Zwecke dieser Anstalten, bei der Ausfertigung von Prüfungszeugnissen können Prüfungskosten erhoben werden.

III Die näheren Bestimmungen erläßt die Staatsregierung.

Art. 191. Die nach diesem Gesetze zu entrichtenden Kosten unterliegen der Verjährung nach Art. 124 des Ausführungsgesetzes zum Bürgerlichen Gesetzbuche.

Art. 192. I Die Strafverfolgung von Zuwiderhandlungen gegen die Vorschriften dieses Gesetzes und die hierzu erlassenen Vollzugsvorschriften verjährt in drei Jahren.

II Die Vollstreckung der rechtskräftig ausgesprochenen Strafen verjährt in fünf Jahren.

Art. 193. I Die Zuständigkeit und das Verfahren bei strafbaren Zuwiderhandlungen gegen die Bestimmungen dieses Gesetzes und der hierzu erlassenen Vollzugsvorschriften richten sich nach den Vorschriften des Reichs-Gerichtsverfassungsgesetzes und der Reichs-Strafprozeßordnung.

II Hinsichtlich des Verfahrens im Verwaltungswege finden die Bestimmungen der Art. 86, 87 Abs. 1, Art. 88 Abs. 1, Art. 89 Abs. 1 bis 3 und 5, Art. 90, 91, 92 Abs. 2 des Gesetzes zur Ausführung der Reichs-Strafprozeßordnung mit der Maßgabe entsprechende Anwendung, daß an Stelle der Zollbehörden die von der Staatsregierung bestimmten Finanzbehörden und, soweit Pflichtwidrigkeiten öffentlicher Beamten und Bediensteten in Frage stehen, die vorgesetzten Behörden treten.

Art. 194. Der Ansatz, die Erhebung und Beitreibung der nach diesem Gesetze zu erhebenden Kosten erfolgt unter der Aufsicht der Finanzbehörden und unter der Leitung des Staatsministeriums der Finanzen.[1])

Art. 195. Die Staatsregierung bestimmt, wem der Ansatz, die Erhebung und die Beitreibung der nach diesem Gesetze zu erhebenden Kosten obliegt.[2])

Art. 196. Zur Vollstreckung einer auf Grund dieses Gesetzes ausgesprochenen Geld- oder Ordnungsstrafe darf, wenn der Zahlungspflichtige ein Deutscher ist, ohne dessen Zustimmung die Zwangsversteigerung eines Grundstücks nicht betrieben werden. Eine uneinbringliche Geldstrafe wird in Freiheitsstrafe nicht umgewandelt.

Art. 197. Die Vorschriften des Stempelgesetzes werden durch dieses Gesetz nicht berührt.

Art. 198. Die Staatsregierung erläßt die zum Vollzuge dieses Gesetzes erforderlichen Vorschriften.[3])

---

1) VK 1, 8. 2) VK 2—7. 3) VK.

III. Stempelgesetz.

Beilage II des Gesetzes über Änderungen im Gebührenwesen.

Vom 21. August 1914.

(GVBl. S. 488 ff.)

I. Abschnitt.

Der Stempel.

Art. 1. I Die in dem anliegenden Tarif aufgeführten Urkunden unterliegen dem darin bezeichneten Stempel.

II Der Stempel fließt in die Staatskasse.

Art. 2. I Die im Tarif aufgeführten Urkunden unterliegen dem Stempel, wenn sie in Bayern errichtet sind. Eine Urkunde gilt als in Bayern errichtet, wenn sie von einem Beteiligten in Bayern vollzogen ist.

II Urkunden über Rechtsgeschäfte, die in Bayern gelegene Grundstücke oder den Grundstücken gleichstehende Rechte oder Rechte an solchen Grundstücken oder Rechten betreffen, unterliegen dem Stempel auch, wenn sie außerhalb Bayerns errichtet sind.

III Außerhalb Bayerns errichtete Urkunden über Rechtsgeschäfte anderer Art, die in Bayern befindliche Gegenstände betreffen oder in Bayern zu erfüllen sind, unterliegen dem Stempel, wenn wenigstens einer der Beteiligten zur Zeit der Errichtung in Bayern seinen Wohnsitz hat oder wenn von den Urkunden in Bayern Gebrauch gemacht wird. Außerhalb Bayerns ausgestellte Vollmachten unterliegen dem Stempel, wenn von ihnen in Bayern Gebrauch gemacht wird.

IV Die Staatsregierung ist ermächtigt, auf den Stempel den in einem anderen Staate für die Urkunden entrichteten Stempel anrechnen zu lassen, wenn von dem anderen Staate gegenüber Bayern die gleiche Rücksicht geübt wird.[1])

Art. 3. I Von der Entrichtung des Stempels sind befreit:
1. Der König und die Königin,
2. das Reich, der bayerische Staat, ferner öffentliche Anstalten und Kassen, die für Rechnung des Reichs oder des bayerischen Staates verwaltet werden oder diesen gleichgestellt sind, mit Ausnahme der gewerblichen Betriebe,
3. die natürlichen oder juristischen Personen, denen in besonderen Gesetzen oder Verordnungen Stempel-, Tax- oder Gebührenbefreiung zugestanden ist.

II Dem Staatsoberhaupt und dem Fiskus anderer Staaten sowie den öffentlichen Anstalten und Kassen, die für Rechnung eines anderen Staates verwaltet werden oder diesen gleichgestellt sind, kann Stempelfreiheit gewährt werden, wenn der andere Staat gegenüber Bayern die gleiche Rücksicht übt.[1]) Dies gilt auch für die beim Könige beglaubigten Vertreter anderer Staaten und die ihnen zugewiesenen Beamten, ferner die in deren Diensten stehenden Personen, sofern diese Personen Ausländer sind.

III Eine Vereinbarung oder Erklärung, durch die eine nach Abs. 1, 2 befreite Person sich zur Bezahlung oder Erstattung des von einem anderen geschuldeten Stempels verpflichtet, begründet für den anderen keine Befreiung. Stempelabgaben, die der bayerische Staat oder eine für seine Rechnung verwaltete oder ihm gleichgestellte öffentliche Anstalt oder Kasse zur Bezahlung oder Erstattung übernommen hat, bleiben außer Ansatz.

IV Bei zweiseitigen Verträgen mit Personen, die von der Entrichtung des Stempels befreit sind, muß für den Vertrag die Hälfte des Stempels entrichtet werden. Besteht der eine Teil aus mehreren Personen, von

---

[1]) VSt. 10.

denen nur einzelne befreit sind, so bleibt für jede der befreiten Personen der dem Maße ihrer Beteiligung entsprechende Teil oder, wenn sich ein solcher nicht ermitteln läßt, der nach der Kopfzahl auf sie treffende Teil des Stempels außer Ansatz.

Art. 4. Stempelfrei sind:

1. Urkunden über Gegenstände, für die in besonderen Gesetzen oder Verordnungen Stempel-, Tax- oder Gebührenbefreiung zugestanden ist,
2. Urkunden, die zur Sicherung öffentlicher Abgaben des Reichs oder des bayerischen Staates beigebracht werden müssen, sofern sie allein zu diesem Zwecke dienen,
3. Urkunden über die Abtretung von Grundstücken oder die Abtretung oder Bestellung von grundstücksgleichen Rechten für öffentliche Wege oder zur Beseitigung gesundheitswidriger Zustände, soweit die Abtretung oder Bestellung im öffentlichen Interesse liegt und unentgeltlich erfolgt.

Art. 5. Stempelpflichtig sind Urkunden, die mit dem Namen oder der Firma des Ausstellers unterzeichnet sind, soweit nicht dieses Gesetz oder der Tarif entgegenstehende Bestimmungen enthält. Den unterschriftlich vollzogenen Urkunden stehen Urkunden gleich, unter denen der Name oder die Firma des Ausstellers in seinem Auftrag unterschrieben oder mit seinem Wissen oder Willen durch Stempelaufdruck oder in irgend einer anderen Art mechanisch hergestellt ist.

Art. 6. I Werden bei Rechtsgeschäften, an denen mehrere beteiligt sind, die Erklärungen der Beteiligten in verschiedenen Schriftstücken beurkundet, so gelten die mehreren Urkunden in Ansehung der Erhebung des Geschäftsstempels als eine Urkunde. Das gleiche gilt, wenn bei Rechtsgeschäften, deren Wirksamkeit von der Genehmigung oder dem Beitritt einer Behörde oder eines Dritten abhängt, über die Genehmigungs- oder Beitrittserklärung eine besondere Urkunde errichtet wird.

II Im übrigen ist der Austausch von Briefen oder sonstigen Mitteilungen zum Zwecke der Einigung über ein Rechtsgeschäft nur dann stempelpflichtig, wenn nach der Verkehrssitte über das Geschäft ein förmlicher schriftlicher Vertrag errichtet zu werden pflegt und die Beteiligten beabsichtigt haben, durch den Austausch der Briefe oder sonstigen Mitteilungen die Errichtung der Urkunde zu ersetzen.

Art. 7. I Die Stempelpflicht einer Urkunde tritt, soweit nicht besondere Bestimmungen entgegenstehen, mit der Vollendung der Errichtung ein.

II Hängt jedoch die Wirksamkeit eines Rechtsgeschäfts von der Genehmigung oder dem Beitritt einer Behörde oder eines Dritten ab, so wird die Urkunde nicht vor der Erteilung dieser Genehmigung oder der Erklärung des Beitritts stempelpflichtig.

Art. 8. I Die Stempelpflicht einer Urkunde bemißt sich nach ihrem Inhalte. Kann ein Rechtsgeschäft nach verschiedenen Tarifbestimmungen beurteilt werden, so ist der Stempel nach jener Tarifstelle zu bemessen, die den höchsten Stempelbetrag ergibt, soweit nicht der Tarif abweichende Bestimmungen enthält.

II Für die Stempelpflicht ist die Hinzufügung von Bedingungen, die Wiederaufhebung und die unterbliebene Ausführung des Geschäfts sowie die Vernichtung der Urkunde ohne Bedeutung. Ist jedoch ein Rechtsgeschäft unter einer aufschiebenden Bedingung abgeschlossen und wird binnen 3 Monaten der Nachweis erbracht, daß die Bedingung nicht eingetreten ist, so wird der Stempel erstattet.

III Bei der Bewertung einer Urkunde bleibt ein Rechtsgeschäft, auf das zur Verdeutlichung oder Erläuterung Bezug genommen ist, außer Betracht, es sei denn, daß die Absicht auch auf dessen Beurkundung gerichtet ist.

Art. 9. I Jedes Rechtsgeschäft ist ohne Rücksicht auf die Zahl der Beteiligten nur einmal zu versteuern.

II Enthält eine Urkunde verschiedene stempelpflichtige Geschäfte, die voneinander unabhängig sind und von denen nicht notwendig eines aus dem andern fließt, so ist der Stempel für jedes Geschäft besonders zu berechnen.

III Stellen sich jedoch die einzelnen in einer Urkunde enthaltenen Geschäfte als Bestandteile eines einheitlichen Rechtsgeschäfts dar, so ist nur der für dieses bestimmte Stempel zu entrichten.

IV Erklärungen, die nur Bedingungen des Rechtsgeschäfts sind oder zur Erfüllung der Leistung oder der Gegenleistung bedungen oder übernommen werden, insbesondere auch Hypothek- und Bürgschaftsbestellungen und andere Erklärungen, die zur Sicherstellung der im Hauptgeschäft übernommenen Verpflichtungen dienen, gelten, sofern sie in der gleichen Urkunde wie das Hauptgeschäft enthalten sind, nicht als selbständige Rechtsgeschäfte. Jedoch findet Art. 8 Abs. 1 Satz 2 Anwendung.

Art. 10. Wenn bei Rechtsgeschäften über mehrere, verschiedenen Stempelsätzen unterliegende Gegenstände der Wert oder das Entgelt unausgeschieden in einer Summe angegeben ist, so ist der höchste Stempelsatz anzuwenden, sofern nicht von den Beteiligten die Werte der einzelnen Gegenstände innerhalb der im Art. 18 bezeichneten Fristen nachträglich ausgeschieden werden.

Art. 11. I Werden über denselben Gegenstand mehrere Urkunden gleichen Inhalts ausgestellt, so ist der Stempel nur zu einer Urkunde zu entrichten. Die Entrichtung des Stempels zu dieser Urkunde ist auf den übrigen Urkunden zu vermerken.

II Die Doppelschriften, Ausfertigungen oder Abschriften unterliegen dem Stempel nur insoweit, als sie nach den Tarifstellen 1, 10 stempelpflichtig sind.

Art. 12. I Zur Zahlung des Stempels ist verpflichtet:

1. bei den von bayerischen Behörden oder Beamten, einschließlich der Notare oder von Schiedsgerichten vorgenommenen Beurkundungen und Beglaubigungen, ferner bei den von bayerischen Notaren erteilten Ausfertigungen, Abschriften oder Bescheinigungen derjenige, auf dessen Veranlassung die Urkunden aufgenommen oder beglaubigt oder

die Ausfertigungen, Abschriften, Bescheinigungen oder Auszüge erteilt sind,
2. bei einseitigen Verpflichtungen oder Erklärungen derjenige, der die Schriftstücke ausgestellt hat,
3. bei der Errichtung oder Vermehrung eines Fideikommisses oder eines sonstigen nach den Art. 58, 59 des Einführungsgesetzes zum Bürgerlichen Gesetzbuch gebundenen Vermögens sowie bei der Genehmigung der Errichtung oder Vermehrung einer Familienstiftung (Tarifstelle 20 A) der Stifter und das Fideikommiß (Stammgut usw.) oder die Stiftung, für die jährliche Stempelabgabe von Fideikommissen (Stammgütern usw.) nach Tarifstelle 20 B der Besitzer des Fideikommisses (Stammguts usw.),
4. bei nicht von bayerischen Behörden oder Beamten einschließlich der Notare beurkundeten Inventaren oder Vermögensverzeichnissen (Tarifstelle 25) derjenige, der das Inventar oder Vermögensverzeichnis dem Gericht oder Notar zum Zwecke der Beireihung übergeben hat,
5. bei Versteigerungen der in der Tarifstelle 41 C bezeichneten Art derjenige, unter dessen Leitung die Versteigerung ausgeführt ist,
6. bei Zwangsversteigerungen (Tarifstelle 41 A) derjenige, dem der Zuschlag erteilt ist,
7. bei Erlaubniserteilungen (Tarifstelle 19) und besonderen Verleihungen (Tarifstelle 40) derjenige, zu dessen Gunsten die Verfügung ergangen ist,
8. bei sonstigen Verträgen alle Teilnehmer.

II Wird das Rechtsgeschäft durch einen Vertreter vorgenommen, so ist neben dem Vertretenen auch der Vertreter zur Zahlung des Stempels verpflichtet; ist der Vertreter ein Rechtsanwalt, so gilt dies nur für den Vollmachtsstempel. Nur der Vertreter ist zur Zahlung des Stempels verpflichtet, wenn der Vertreter das Rechtsgeschäft ohne Vertretungsmacht vorgenommen und der Vertretene es nicht genehmigt hat. Neben dem Beauftragten, der ein Rechtsgeschäft im eigenen Namen vorgenommen hat, ist auch der Auftraggeber zur Zahlung des Stempels verpflichtet. Steht dem Vertreter die Vertretungsmacht kraft elterlicher Gewalt oder als Vormund, Beistand oder Pfleger zu, so ist nur der Vertretene zur Zahlung des Stempels verpflichtet.

Art. 13. I Mehrere zur Zahlung des Stempels Verpflichtete haften als Gesamtschuldner.

II Vereinbarungen über die Verpflichtung zur Tragung des Stempels sind gegenüber der Staatskasse unwirksam.

Art. 14. Für die Entrichtung des Stempels haften unter Vorbehalt des Rückgriffs gegen die eigentlich Verpflichteten neben den nach dem Art. 12 Verpflichteten:

1. Aktiengesellschaften, Kommanditgesellschaften auf Aktien, eingetragene Genossenschaften, Gewerkschaften und Gesellschaften mit beschränkter Haftung für die Stempel, denen die von ihren Vorständen oder Geschäftsführern in ihrem Auftrag oder Namen errichteten Verhandlungen unterliegen,
2. bei Versteigerungen der in der Tarifstelle 41 C bezeichneten Art derjenige, für dessen Rechnung oder auf dessen Veranlassung die Versteigerung stattgefunden hat,
3. bei der Erteilung einer Konzession zum Betrieb einer erpachteten Gast- oder Schankwirtschaft der Verpächter,
4. wer von stempelpflichtigen Urkunden in Bayern Gebrauch macht.

Art. 15. I Die Stempelpflicht ist zu erfüllen:

1. bei privatschriftlichen Urkunden und Urkunden nichtbayerischer Behörden oder Beamten einschließlich der nichtbayerischen Notare
   a) durch Verwendung von Stempelmarken, soweit diese durch die Staatsregierung zugelassen ist,[1])
   b) durch Einreichung der stempelpflichtigen Urkunde oder, wenn diese nicht vorgelegt werden kann, einer gleichlautenden Abschrift bei einer zuständi-

[1]) VB 15. VSt. 2, 5.

gen Steuerstelle unter Einzahlung des erforderlichen Geldbetrags in den übrigen Fällen;

2. bei Beurkundungen der bayerischen Notare und Gerichtsvollzieher durch Einzahlung des geschuldeten Geldbetrags beim Notar oder Gerichtsvollzieher;
3. bei Beurkundungen sonstiger bayerischer Behörden oder Beamten sowie bei den Zeugnissen der Amtsärzte oder Pfarrämter
   a) durch Einzahlung bei der Behörde oder dem Beamten in den Fällen, in denen der Stempel nach den für die Erhebung der Gerichts- oder Verwaltungskosten bestehenden Vorschriften zu vereinnahmen ist,
   b) durch Verwendung von Stempelmarken in den übrigen Fällen.

II Die Staatsregierung ist ermächtigt, von den Vorschriften des Abs. 1 abweichende Anordnungen zu erlassen.

Art. 16. I Die Vorschrift des Art. 15 Abs. 1 Ziff. 2 findet entsprechende Anwendung, wenn eine privatschriftlich errichtete stempelpflichtige Urkunde, für die der Stempel nicht oder nicht ausreichend entrichtet ist, einem bayerischen Notar zur Beglaubigung einer Unterschrift oder eines Handzeichens übergeben wird.

II Die Vorschrift in Art. 15 Abs. 1 Ziff. 3a findet entsprechende Anwendung, wenn einem Gerichte

1. zur Vornahme einer Eintragung im Grundbuche nicht von einem bayerischen Notar beurkundete oder beglaubigte stempelpflichtige Eintragungsbewilligungen oder sonstige nicht von einem bayerischen Notar aufgenommene stempelpflichtige Urkunden vorgelegt werden, die nicht oder nicht ausreichend versteuert sind,
2. zum gerichtlichen Gebrauche bestimmte, nicht von einem bayerischen Notar beurkundete oder beglaubigte stempelpflichtige Vollmachten, Inventare, Vermögensverzeichnisse oder sonstige Urkunden ohne den vorgeschriebenen Stempel eingereicht werden,

3. nicht von einem bayerischen Notar beurkundete oder beglaubigte stempelpflichtige Urkunden zur gerichtlichen Genehmigung oder Bestätigung ohne den vorgeschriebenen Stempel vorgelegt werden.

Art. 17. I Für die Erfüllung der Stempelpflicht haben zu sorgen:

1. die Mitglieder der Schiedsgerichte hinsichtlich der von ihnen beurkundeten Schiedssprüche,
2. Amtsärzte und Pfarrer hinsichtlich der von ihnen ausgestellten Zeugnisse (Tarifstelle 44 Abs. 1 b und c).

II Diese Verpflichtung wird erfüllt:

1. in den Fällen, in denen der Stempel durch Verwendung von Stempelmarken zu entrichten ist, durch Verwendung der erforderlichen Stempelmarken für Rechnung des Zahlungspflichtigen,
2. in den übrigen Fällen durch Vorlage der Urkunde an eine zuständige Steuerstelle.

Art. 18. I Der Stempel muß entrichtet sein:

1. bei den von bayerischen Behörden oder Beamten einschließlich der Notare, jedoch ausschließlich der Gerichtsvollzieher errichteten oder beglaubigten Urkunden, dann bei den Beurkundungen der Schiedsgerichte, bei den Zeugnissen der Amtsärzte und der Pfarrämter, ferner bei Ausfertigungen, Abschriften oder Bescheinigungen der bayerischen Notare vor der Aushändigung, spätestens binnen zwei Wochen nach der Errichtung oder Beglaubigung,
2. bei außerhalb Bayerns errichteten Urkunden, an deren Errichtung in Bayern wohnhafte Personen beteiligt sind, binnen zwei Wochen nach der Rückkehr dieser Personen nach Bayern, bei sonstigen außerhalb Bayerns errichteten Urkunden, von denen in Bayern Gebrauch gemacht werden soll, vor dem Gebrauche,
3. bei außerhalb Bayerns ausgestellten Vollmachten vor dem Gebrauche,
4. bei den Urkunden, zu denen Stempelmarken ohne

amtliche Überwachung verwendet werden dürfen, vor der Aushändigung, spätestens binnen zwei Wochen nach der Errichtung,

5. in allen übrigen Fällen spätestens binnen zwei Wochen nach der Errichtung.

II Bei Urkunden über Rechtsgeschäfte, die erst durch die Genehmigung oder den Beitritt einer Behörde oder eines Dritten Rechtswirksamkeit erlangen (Art. 7 Abs. 2), beginnt für den Aussteller die Frist des Abs. 1, Ziff. 1, 4 und 5 erst mit dem Ablaufe des Tages, an dem er von der Genehmigung oder dem Beitritte Kenntnis erhalten hat.

II. Abschnitt.

Die Stempelersatzabgabe.[1])

Art. 19. I Wenn das Eigentum an einem in Bayern gelegenen Grundstück oder ein in Bayern bestehendes, den Grundstücken gleichstehendes Recht auf nichtrechtsgeschäftlichem Wege auf einen andern übergeht, hat der neue Erwerber die Stempelersatzabgabe zu entrichten.

II Die Stempelersatzabgabe fließt in die Staatskasse.

III Die Stempelersatzabgabe wird aus dem Werte des Gegenstandes ohne Abzug der Schulden berechnet und beträgt:

1. eins vom Hundert
   a) wenn der Wert des Gegenstandes 2000 Mark nicht übersteigt,
   b) beim Erwerbe von Erbschaften, Vermächtnissen oder Schenkungen von Todes wegen,
   c) bei sonstigen Übergängen auf Verwandte oder Stiefverwandte in gerader Linie oder auf Ehegatten oder Geschwister;
2. zwei vom Hundert
   in den übrigen Fällen.

IV Befreit sind:

1. der König und die Königin,
2. das Reich, der bayerische Staat,
3. Ehegatten, Verwandte oder Stiefverwandte in

---

1) VB 7.

absteigender Linie in den Fällen des Abs. 3 Ziff. 1 b,

4. Übergänge, die sich bei einem vertragsmäßigen Güterstande kraft des Gesetzes unter Lebenden vollziehen,
5. Übergänge, für die in besonderen Gesetzen oder Verordnungen Befreiung von der Stempelersatzabgabe gleichzuachtenden Gebühren, Stempeln oder Taxen zugestanden ist.

V Geht das Eigentum an einem Grundstück oder ein den Grundstücken gleichstehendes Recht auf mehrere Personen gemeinschaftlich über, so ist die Stempelersatzabgabe nach den Anteilsrechten der einzelnen Personen gesondert zu berechnen. Die Erbengemeinschaft gilt als eine Gemeinschaft nach Bruchteilen.

VI Bei einer Nacherbfolge oder einem Nachvermächtnisse, dann in den Fällen, in denen die Nutzung und Substanz auf dem Wege der Erbfolge gesondert erworben werden, wird die Stempelersatzabgabe aus dem Betrage berechnet, der für die Berechnung der Erbschaftssteuer maßgebend ist.

VII Ist der Erbe durch Verfügung von Todes wegen verpflichtet, zum Vollzug eines Vermächtnisses oder einer Auflage ein zum Nachlasse gehörendes Grundstück oder ein den Grundstücken gleichstehendes Recht zu übertragen, so wird die von ihm aus dem Werte des Grundstücks oder des Rechtes entrichtete Stempelersatzabgabe erstattet, wenn der Nachweis erbracht ist, daß die Auflassung stattgefunden hat und der Stempel für die Auflassung entrichtet ist.

Art. 20. I Die Stempelersatzabgabe ist auch von den zu einem Nachlasse gehörenden in Bayern gelegenen Grundstücken oder den Grundstücken gleichstehenden Rechten zu entrichten, wenn ein Miterbe oder ein Dritter alle Anteile am Nachlasse erworben hat. Das gleiche gilt, wenn der überlebende Ehegatte infolge Verzichts sämtlicher anteilsberechtigten Abkömmlinge auf ihre Anteile das Gesamtgut einer fortgesetzten Gütergemeinschaft in seiner Hand vereinigt hat. Die Stempelersatzabgabe beträgt in diesen Fällen soviel, wie der Stempel der Tarifstelle 23, den derjenige, der alle Anteile in seiner Hand vereinigt hat, im Falle der Auseinandersetzung mit dem Veräußerer des letzterworbenen Anteils zu entrichten gehabt hätte.

II Aktiengesellschaften, Kommanditgesellschaften auf Aktien, Gesellschaften mit beschränkter Haftung, Gewerkschaften, Vereine, Genossenschaften, Kommanditgesellschaften, offene Handelsgesellschaften und Gesellschaften des bürgerlichen Rechtes haben die Stempelersatzabgabe mit eins vom Hundert des Gegenstandswerts ohne Abzug der Schulden von den zum Gesellschafts- oder Vereinsvermögen gehörenden in Bayern gelegenen Grundstücken und diesen gleichstehenden Rechten zu entrichten, wenn alle Anteile auf Grund eines Rechtsgeschäfts unter Lebenden in der Hand eines Teilhabers vereinigt oder, nachdem sie in der Hand eines Teilhabers vereinigt sind, auf einen anderen übertragen werden. Werden die zum Gesellschafts- oder Vereinsvermögen gehörenden Grundstücke oder die diesen gleichstehenden Rechte innerhalb zweier Jahre im Grundbuch auf den Erwerber der sämtlichen Anteile umschrieben oder werden sie binnen Jahresfrist von einem der nach Abs. 3 als eine Person zu erachtenden mehreren Teilhaber zum Alleineigentum übernommen, so wird die Stempelersatzabgabe auf den Stempel der Tarifstelle 23 angerechnet.

III Ehegatten sowie Eltern und Kinder gelten im Sinne dieser Vorschriften als e i n e Person.

Art. 21. I Juristische Personen, Handels- und Versicherungsgesellschaften, Genossenschaften, Vereine sowie andere Gesellschaften und Anstalten haben von ihren in Bayern gelegenen Grundstücken und diesen gleichstehenden Rechten alle zwanzig Jahre, vom Tage des letzten Anfalls eines Stempels nach der Tarifstelle 23 oder einer Stempelersatzabgabe nach den Art. 19, 20 an die Stempelersatzabgabe mit eins vom Hundert des Gegenstandswerts ohne Abzug der Schulden zu entrichten.

II Das gleiche gilt für Gesamtgeschlechter, soweit auf deren Güter nicht die Bestimmung der Tarifstelle 20 B Anwendung findet.

III Die Stempelersatzabgabe des Abs. 1 wird nicht erhoben von Grundstücken oder den Grundstücken gleichstehenden Rechten, die

1. dem Reiche oder dem bayerischen Staate, einer Kreisgemeinde, Distriktsgemeinde, Gemeinde oder Ortschaft, einem Versicherungsträger (§ 3 der Reichsversicherungsordnung), einer landwirtschaftlichen oder Handwerkergenossenschaft oder einer gemeinnützigen rechtsfähigen Bauvereinigung gehören,
2. ausschließlich einem frommen, milden, gemeinnützigen oder Unterrichtszwecke, dem Bergbau oder einem öffentlichen Verkehrszwecke dienen, wie Eisenbahnen, Kanäle und Straßen nebst den dazugehörenden Gebäuden, Brücken und ähnlichen Gegenständen.

IV Die Befreiung erstreckt sich nicht auf Grundstücke oder Rechte der Versicherungsträger, die nicht unmittelbar zur Erfüllung öffentlicher Aufgaben dienen.

V Bauvereinigungen gelten nicht als gemeinnützig, wenn sie satzungsgemäß die Einzahlungen der Mitglieder mit mehr als vier vom Hundert verzinsen oder den Mitgliedern im Falle der Auflösung mehr als die Einzahlungen ausantworten.

Art. 22. I Die in den Art. 19, 20 bezeichneten Erwerber, ferner die Vertreter der im Art. 20 Abs. 2 bezeichneten Gesellschaften und Vereine sind verpflichtet, der Steuerstelle,[1]) in deren Bezirke die Grundstücke oder die den Grundstücken gleichstehenden Rechte liegen, von der die Erhebung der Stempelersatzabgabe begründenden Veränderung innerhalb zwei Monaten nach deren Eintritt oder, falls sie erst später davon Kenntnis erlangen, innerhalb zweier Monate nach erlangter Kenntnis Anzeige zu erstatten.

II In den Fällen des Art. 21 haben die gesetzlichen

---

[1]) VSt 6.

Vertreter der juristischen Personen, Handels- und Versicherungsgesellschaften, Genossenschaften, Vereine und sonstigen Gesellschaften und Anstalten mindestens zwei Monate vor Ablauf des zwanzigjährigen Zeitraums den bevorstehenden Anfall der Stempelersatzabgabe anzumelden. Die Anmeldung erfolgt bei der Steuerstelle, in deren Bezirk die Grundstücke oder Rechte liegen. Liegen die Grundstücke oder Rechte in den Bezirken verschiedener Steuerstellen, so genügt die Anmeldung bei einer Steuerstelle.

III. Abschnitt.

Allgemeine Bestimmungen.

Art. 23. Der Mindestbetrag des Stempels und der Stempelersatzabgabe ist 50 Pfennig, soweit nicht dieses Gesetz oder der Tarif abweichende Bestimmungen enthalten. Beträge, die nicht durch 10 teilbar sind, werden auf den nächsthöheren durch 10 teilbaren Betrag abgerundet.

Art. 24. Für die Berechnung der Fristen gelten die Vorschriften des Bürgerlichen Gesetzbuchs. Fällt das Ende einer Frist auf einen Sonntag oder allgemeinen Feiertag, so endigt die Frist mit dem Ablaufe des nächstfolgenden Werktags.

Art. 25. I Soweit das Gesetz oder der Tarif einem Verwandtschaftsverhältnis Einfluß auf die Abgabenpflicht einräumen, gelten als Verwandtschaft auch die durch Annahme an Kindes Statt begründete Verwandtschaft sowie das Verhältnis zwischen einem unehelichen Kinde und dessen Abkömmlingen einerseits und dem Vater und dessen Verwandten anderseits, sofern die Vaterschaft erweislich anerkannt ist.

II Ein die Abgabe minderndes Verhältnis, das zufolge eines richterlichen Erkenntnisses oder eines Vertrags schon vor dem Anfalle der Abgabe zu bestehen aufgehört hat, bleibt außer Betracht. Die Aufhebung der ehelichen Gemeinschaft nach § 1575 des Bürgerlichen Gesetzbuchs steht der Scheidung gleich.

III Die vor dem Inkrafttreten des Bürgerlichen Gesetzbuchs vereinkindschafteten Kinder stehen in Ansehung der Abgabenpflicht den ehelichen Kindern gleich.

Art. 26. Soweit der Tarif für die Bemessung des Stempels bei Erlaubniserteilungen (Tarifstelle 19) und besonderen Verleihungen (Tarifstelle 40) einen Spielraum gewährt, hat die Behörde, welche die Erlaubnis oder die besondere Verleihung erteilt, den von ihr anzusetzenden Betrag unter Berücksichtigung der Bedeutung der Sache und der Leistungsfähigkeit des Pflichtigen zu bestimmen.[1])

Art. 27. I Ist die Stempelabgabe nach dem Werte des Gegenstandes zu berechnen, so entscheidet der gemeine Wert des Gegenstandes zur Zeit des Eintritts der Abgabenpflicht.

II Die auf dem Gegenstande lastenden Schulden werden, soweit nicht der Tarif abweichende Bestimmungen enthält, nicht abgezogen.

Art. 28. Ist einem Beteiligten ein Wahlrecht oder die Befugnis eingeräumt, innerhalb bestimmter Grenzen den Umfang der Leistung zu bestimmen, so wird die Stempelabgabe nach dem höchstmöglichen Werte des Gegenstandes berechnet.

Art. 29. Bei Geldforderungen ist der aus der stempelpflichtigen Urkunde ersichtliche Geldbetrag, bei kurshabenden Wertpapieren der Tageskurs als Wert anzusehen. Die Umrechnung der in anderer als Reichswährung angegebenen Summen erfolgt nach den für die Erhebung der Reichsstempelabgaben für ausländische Wertpapiere vom Bundesrate festgesetzten Mittelwerten und, soweit solche nicht bestimmt sind, nach dem laufenden Kurse.

Art. 30. Der Wert einer Grunddienstbarkeit wird durch den Wert, den sie für das herrschende Grundstück hat, und wenn der Betrag, um den sich der Wert des dienenden Grundstücks durch die Dienstbarkeit mindert, größer ist, durch diesen Betrag bestimmt.

---

[1]) VSt 12.

Art. 31. I Der einjährige Wert von Nutzungen wird, wenn nicht aus der Urkunde ein höherer oder geringerer Hundertsatz hervorgeht oder sonst festgestellt werden kann, zu vier vom Hundert des Wertes des Gegenstandes angenommen, der die Nutzung gewährt.

II Bei immerwährenden Nutzungen und Leistungen ist das fünfundzwanzigfache ihres einjährigen Betrags, bei Nutzungen und Leistungen von unbestimmter Dauer, sofern nicht Art. 32 Anwendung findet, oder anderweite die längste Dauer begrenzende Umstände in der Urkunde angegeben sind, das zwölfeinhalbfache des einjährigen Betrags als Wert anzusehen.

Art. 32. I Der Wert von Nutzungen oder Leistungen auf Lebenszeit bestimmt sich nach dem zur Zeit ihres Anfanges erreichten Lebensalter der Person, bei deren Tode die Nutzung oder Leistung erlischt, und wird bei einem Lebensalter

1.	bis zu 25 Jahren auf das				. . . .	20	fache,
2.	von mehr als	25	Jahren	bis zu	35 Jahren auf das	18	„ ,
3.	„ „ „	35	„	„ „	45 „ „ „	16	„ ,
4.	„ „ „	45	„	„ „	55 „ „ „	14	„ ,
5.	„ „ „	55	„	„ „	65 „ „ „	12	„ ,
6.	„ „ „	65	„	„ „	70 „ „ „	10	„ ,
7.	„ „ „	70	„	„ „	75 „ „ „	8	„ ,
8.	„ „ „	75	„	„ „	80 „ „ „	6	„ ,
9.	„ „ „	80	„	auf das	. . . . . .	4	„ ,

des Wertes der einjährigen Nutzung oder Leistung angenommen.

II Ist die Nutzung oder Leistung

im Falle des Abs. 1 Ziff. 1 schon innerhalb eines Zeitraums von 10 Jahren,

im Falle des Abs. 1 Ziff. 2 schon innerhalb eines Zeitraums von 9 Jahren,

im Falle des Abs. 1 Ziff. 3 schon innerhalb eines Zeitraums von 8 Jahren,

im Falle des Abs. 1 Ziff. 4 schon innerhalb eines Zeitraums von 7 Jahren,

im Falle des Abs. 1 Ziff. 5 schon innerhalb eines Zeitraums von 6 Jahren,

im Falle des Abs. 1 Ziff. 6 schon innerhalb eines Zeitraums von 5 Jahren,
in den Fällen des Abs. 1 Ziff. 7 bis 9 innerhalb eines Zeitraums von 4 Jahren,

nach dem Anfall erloschen, so wird ihr Wert nach Maßgabe der wirklichen Dauer bestimmt und die gezahlte Stempelabgabe bis auf den diesem Werte entsprechenden Betrag erstattet. In gleicher Weise wird, wenn der Gegenstand eines Rechtsgeschäfts um den nach Abs. 1 berechneten Wert einer Nutzung geringer angenommen war, im Falle des früheren Erlöschens der Nutzung oder Leistung ein entsprechender Abgabebetrag nacherhoben.

III Ist die Dauer der Nutzungen oder Leistungen von der Lebenszeit mehrerer Personen dergestalt abhängig, daß beim Tode der zuerst versterbenden die Nutzung oder Leistung erlischt, so ist für die nach den Bestimmungen im vorigen Absatze vorzunehmende Wertermittlung das Lebensalter der ältesten Person maßgebend. Wenn die Nutzung oder Leistung bis zum Tode der letztversterbenden Person fortdauert, erfolgt die Berechnung nach dem Lebensalter der jüngsten Person.

Art. 33. Der Gesamtwert der auf bestimmte Zeit eingeschränkten Nutzungen oder Leistungen ist unter Zugrundelegung eines Zinsfußes von vier vom Hundert nach der beigefügten Hilfstabelle zu ermitteln. Ist jedoch die Dauer der Nutzung oder Leistung noch außerdem durch die Lebenszeit einer oder mehrerer Personen bedingt, so darf der nach den Bestimmungen der beiden vorhergehenden Absätze zu berechnende Wert nicht überschritten werden.

Art. 34. Ungewisse oder unsichere Rechte oder andere zur sofortigen Wertermittlung nicht geeignete Gegenstände kommen mit ihrem mutmaßlichen Werte in Ansatz, den der Abgabenpflichtige in Vorschlag zu bringen hat. Findet eine Einigung über den Vorschlag nicht statt, so können die Steuerbehörden oder die sonst zur Berechnung und Erhebung berufenen Behörden und Beamten einschließlich der Notare die Abgabe von dem ihnen angemessen erscheinenden Werte erheben und die Berichtigung des Wertansatzes sowie die entsprechende Nachforderung oder Erstattung bis zum Ausgange der Verhandlungen vorbehalten, von denen die Bezahlung der Forderung oder die Wertermittlung abhängt.

Art. 35. I Der Abgabenpflichtige ist gehalten, den Steuerstellen sowie den sonst zur Berechnung und Erhebung der Abgaben berufenen Behörden und Beamten einschließlich der Notare auf Verlangen über den Wert des Gegenstandes sowie über die sonstigen für die Abgabenpflicht erheblichen Umstände Auskunft zu erteilen, soweit dazu nicht die Kenntnisse eines Sachverständigen oder besondere Ermittlungen erforderlich sind. Der Pflichtige kann seine Angaben jederzeit berichtigen.

II Wird der Aufforderung zur Auskunftserteilung nicht genügt, so können die Säumigen von der Steuerstelle durch Ordnungsstrafen zur Erteilung der Auskunft angehalten werden; auch können die erforderlichen Feststellungen von Amts wegen auf Kosten der Säumigen getroffen werden. Die einzelne Ordnungsstrafe darf den Betrag von 100 Mark nicht übersteigen. Der Festsetzung der Ordnungsstrafe hat deren Androhung durch die Steuerstelle vorherzugehen.

Art. 36. I Verweigert der Abgabenpflichtige die Angabe des Wertes (Art. 35) oder bestehen gegen dessen Angaben Bedenken, so hat ihm die Steuerstelle einen Wertanschlag mit dem Bemerken bekannt zu geben, daß dieser Wertanschlag der Abgabenberechnung zu Grunde gelegt werde, wenn nicht Erinnerungen hiergegen binnen zwei Wochen erhoben werden. Dieser Wertanschlag ist bei landwirtschaftlichen Grundstücken (Äckern, Wiesen, Weinbergen, Hopfengärten, Weiden usw.), sofern nicht besondere Verhältnisse eine Erhöhung rechtfertigen, bis zum zwanzigfachen Betrage der Grundsteuerverhältniszahl zu berechnen.

II Werden Erinnerungen rechtzeitig erhoben und findet über den gemachten Wertanschlag eine Einigung nicht statt, so ist der Wert beim Amtsgerichte durch zwei beeidigte Schätzmänner zu ermitteln, von denen der eine von der Steuerstelle, der andere von dem Abgabenpflichtigen und, wenn dieser binnen zwei Wochen nach gerichtlicher Aufforderung einen geeigneten Schätzmann nicht benennt, vom Gerichte bezeichnet wird. Der Durchschnitt der beiden Schätzungen bildet die der Abgabenberechnung zu Grunde zu legende Wertsumme.

III Die Kosten der Schätzung sind vom Abgabenpflichtigen zu tragen, wenn die Wertangabe verweigert wurde oder wenn das Ergebnis der Schätzung den vom Abgabenpflichtigen angegebenen Wert um 20 vom Hundert übersteigt.

IV Das Amtsgericht hat über Ablehnungsgründe gegen die Schätzmänner und über die Verbindlichkeit zur Kostentragung zu entscheiden sowie das Ergebnis der Schätzung festzustellen. Eine Anfechtung der Entscheidung findet nicht statt.

V Das Verfahren ist gebührenfrei.

VI Zuständig ist das Amtsgericht, in dessen Bezirke die Steuerstelle ihren Sitz hat, soweit jedoch Grundstücke oder grundstücksgleiche Rechte in Betracht kommen, das Amtsgericht, in dessen Bezirke das Grundstück oder Recht liegt.

VII Die Vorschriften der Abs. 1 bis 6 finden auf die Feststellung des Jahresreinertrags und des erzielbaren Jahrespachtertrags in den Fällen der Tarifstellen 19 Abs. 2 und 5 entsprechende Anwendung.

Art. 37. Die Behörden und Beamten einschließlich der Notare sind verpflichtet, den Steuerbehörden sowie den für die Berechnung und Erhebung der Stempelabgaben sonst zuständigen Behörden und Personen über die amtlich zu ihrer Kenntnis gelangten für die Abgabenpflicht erheblichen Umstände auf Verlangen Aufschluß zu geben.

Art. 38. Die Behörden und Beamten einschließlich der Notare sind verpflichtet, hinsichtlich der ihnen amtlich zu Handen kommenden privatschriftlichen Urkunden auf die Erfüllung der Abgabenpflicht zu achten und von den amtlich zu ihrer Kenntnis gelangenden Verkürzungen und sonstigen Zuwiderhandlungen gegen dieses Gesetz der Steuerstelle ihres Bezirkes Mitteilung zu machen. Dies gilt auch dann, wenn die Urkunde von einer öffentlichen Behörde oder einem Notar beglaubigt worden ist.

Art. 39. I Den Notaren ist untersagt, die von ihnen aufgenommenen oder beglaubigten Urkunden vor der Stempelentrichtung auszuhändigen oder Ausfertigungen oder Abschriften davon zu erteilen. Gleiches gilt für die Mitglieder der Schiedsgerichte hinsichtlich des von ihnen gefällten Schiedsspruchs und für Amtsärzte und Pfarrer hinsichtlich der von ihnen ausgestellten Zeugnisse.

II Den Notaren ist auch untersagt, Urschriften, Ausfertigungen und Abschriften der von ihnen errichteten oder beglaubigten Urkunden vor der Entrichtung des Stempels an die Gerichte oder an andere Behörden vorzulegen.

III Bei Zuwiderhandlung gegen die Vorschriften der Abs. 1, 2 haften die dort bezeichneten Personen für die Stempelabgabe, wenn diese von den Abgabenpflichtigen nicht beigebracht werden kann.

Art. 40. I Den mit der Umschreibung im Grundsteuerkataster betrauten Beamten ist untersagt, eine Eintragung in das Grundsteuerkataster eher vorzunehmen, als der Nachweis über die Entrichtung oder Hinterlegung der Stempelabgabe vorgelegt ist. Gleiches gilt für die Grundbuchbeamten von der Eintragung in das Grundbuch, sofern es sich nicht um eine Grundbuchberichtigung handelt.

II Des Nachweises über die Entrichtung oder Hinterlegung der Stempelabgabe bedarf es nicht, wenn die Eintragung auf Grund einer von einem bayerischen Notar errichteten oder beglaubigten Urkunde beantragt wird.

III Art. 39 Abs. 3 findet entsprechende Anwendung.

Art. 41. I Gegen die Anforderung der Stempelabgabe steht dem Abgabenpflichtigen sowie demjenigen, der nach den Vorschriften dieses Gesetzes für die Stempelabgabe haftet, das Rechtsmittel der Beschwerde an das Landgericht zu, in dessen Bezirke die zuständige Steuerstelle ihren Sitz hat.

II Die Beschwerde ist erst zulässig, wenn der Zahlungspflichtige sich an die zur Vertretung der Staatskasse zuständige Finanzstelle um Abhilfe gewendet und entweder eine abschlägige oder innerhalb sechs Wochen keine Entschließung erhalten hat. Die Finanzstelle hat über solche Gesuche den Beteiligten die Empfangsbescheinigung unverzüglich und unentgeltlich auszufertigen.

III Die Vorschriften des zweiten Absatzes finden keine Anwendung, wenn die Anforderung von der Finanzstelle veranlaßt ist.

Art. 42. I Die Beschwerde kann beim Landgerichte durch Einreichung einer Beschwerdeschrift oder durch Erklärung zum Protokolle des Gerichtsschreibers des Landgerichts oder eines Amtsgerichts eingelegt werden.

II Die Beschwerde ist der zur Vertretung der Staatskasse zuständigen Finanzstelle zur Äußerung mitzuteilen.

III Die Beschwerde hat keine aufschiebende Wirkung.

IV Die Entscheidung ist mit Gründen zu versehen.

Art. 43. I Gegen die Entscheidung des Landgerichts ist das Rechtsmittel der weiteren Beschwerde zulässig. Die weitere Beschwerde kann nur darauf gestützt werden, daß die Entscheidung auf einer Verletzung des Gesetzes beruhe. Die Vorschriften der §§ 550, 551, 559, 561, 563, 574 der Reichs-Zivilprozeßordnung finden entsprechende Anwendung.

II Über die weitere Beschwerde entscheidet das Oberste Landesgericht.

III Die weitere Beschwerde kann bei dem Beschwerdegericht oder bei dem Obersten Landesgerichte durch Einreichung einer Beschwerdeschrift oder durch Erklärung zum Protokolle des Gerichtsschreibers eines der bezeichneten Gerichte oder eines Amtsgerichts eingelegt werden. Erfolgt die Einlegung durch Einreichung einer Beschwerdeschrift, so muß diese von einem Rechtsanwalt unterzeichnet sein. Der Zuziehung eines Rechtsanwalts bedarf es nicht, wenn die weitere Beschwerde von einer Behörde oder von dem Notar eingelegt wird, der die Urkunde aufgenommen oder beglaubigt hat.

IV Die weitere Beschwerde ist binnen einer Frist von zwei Wochen einzulegen. Auf die weitere Beschwerde finden die Vorschriften des § 22 des Gesetzes über die Angelegenheiten der freiwilligen Gerichtsbarkeit und der Absätze 2 bis 4 des Art. 42 dieses Gesetzes entsprechende Anwendung.

V Über die weitere Beschwerde ist der Staatsanwalt mit gutachtlicher Äußerung zu hören.

Art. 44. I Die Entscheidung erfolgt beim Landgerichte durch eine Zivilkammer, bei dem Obersten Landesgerichte durch einen Zivilsenat. Die Entscheidung kann ohne vorgängige mündliche Verhandlung erfolgen.

II Die Vorschriften der Reichs-Zivilprozeßordnung über die Ausschließung und Ablehnung der Gerichtspersonen, über die Beweisaufnahme sowie über die Verpflichtung zur Kostentragung finden entsprechende Anwendung.

Art. 45. Auf die Gebühren und Auslagen im Beschwerdeverfahren und im Verfahren der weiteren Beschwerde finden die Vorschriften entsprechende Anwendung, welche für die Gebühren und Auslagen im Beschwerdeverfahren der Art. 48 und 50 des Kostengesetzes nach diesem gelten.

Art. 46. Für die Gerichte sind im Verfahren nach den Art. 41 bis 43 die Festsetzungen bindend, welche die Verwaltungsbehörden nach dem Art. 26 getroffen haben.

Art. 47. Für verdorbene Stempelmarken kann Ersatz beansprucht werden, wenn von ihnen noch kein Gebrauch gemacht worden ist.

Art. 48. I Der Stempel ist außer in den im Tarif besonders vorgesehenen Fällen auf Antrag zu erstatten:

1. wenn ein Geschäft nichtig oder infolge einer Anfechtung als von Anfang an nichtig anzusehen ist,
2. wenn der von Behörden, Beamten, Schiedsgerichten, Amtsärzten oder Pfarrämtern für Rechnung

des Pflichtigen durch Verwendung von Stempelmarken entrichtete Stempel vom Pflichtigen nicht beizubringen ist,

3. wenn ein Zuschlagsbeschluß aufgehoben ist.

II Die Erstattung des Stempels kann auf Antrag angeordnet werden, wenn die Ausführung eines Rechtsgeschäfts unterblieben oder ein Geschäft auf Grund der Wandlung rückgängig gemacht ist und Billigkeitsgründe vorliegen.

III Die Erstattung muß in den Fällen der Abs. 1, 2 innerhalb zweier Jahre nach der Entrichtung des Stempels beantragt werden. Wird der Antrag auf Tatsachen gestützt, die erst nach der Entrichtung der Abgabe eingetreten sind, so beginnt die zweijährige Frist mit dem Tage, an dem der Antragsteller von diesen Tatsachen Kenntnis erhalten hat.

IV In den Fällen des Abs. 1 Ziff. 1 Abs. 2 steht der Steuerstelle das Recht zu, den Stempel von dem Vertragschließenden einzuziehen, der bei der Beurkundung des Geschäfts von den die Nichtigkeit bedingenden Umständen Kenntnis gehabt oder die unterbliebene Ausführung des Geschäfts oder die Wandlung verschuldet hat. Liegen diese Voraussetzungen beim Antragsteller vor, so ist die Erstattung abzulehnen.

Art. 49. Stempelmarken, die Privatpersonen nicht in der vorgeschriebenen Weise verwendet haben, werden als nicht verwendet angesehen.

Art. 50. I Wer den Vorschriften bezüglich der Verpflichtung zur Entrichtung der Stempelabgabe zuwiderhandelt, insbesondere wer in den Fällen, in denen die Stempelpflicht durch Verwendung von Stempelmarken mit oder ohne amtliche Überwachung zu erfüllen ist, Stempelmarken nicht oder nicht im erforderlichen Betrage verwendet, wird mit einer Geldstrafe bestraft, die bis zum vierfachen Betrage der hinterzogenen Abgabe festzusetzen ist.

II Eine Geldstrafe, die bis zum zehnfachen Betrage der hinterzogenen Abgabe festzusetzen ist, tritt ein

1. wenn der Wert des Gegenstandes in der Absicht, die Stempelabgabe zu hinterziehen, zu gering angegeben wird,
2. wenn in Fällen, in denen für die Bemessung des Stempels der Betrag der bedungenen Gegenleistung maßgebend ist, die Gegenleistung geringer angegeben wird, als sie unter den Beteiligten vereinbart ist,
3. wenn zur Erlangung einer Stempelbefreiung oder einer Stempelermäßigung absichtlich unrichtige Angaben gemacht werden.

III Kann der Betrag des hinterzogenen Stempels nicht festgestellt werden, so tritt eine Geldstrafe bis zu 10000 Mark ein.

IV Der Mindestbetrag der Geldstrafe ist 3 Mark.

V Die Strafe trifft besonders und zum vollen Betrage jeden, der die ihm obliegende Verpflichtung zur Entrichtung der Stempelabgabe nicht rechtzeitig erfüllt.

Art. 51. I Wenn sich in den Fällen des Art. 50 aus den Umständen ergibt, daß eine Hinterziehung nicht hat verübt werden können oder nicht beabsichtigt worden ist, so tritt statt der Geldstrafe eine Ordnungsstrafe bis zu 300 Mark ein. Das gleiche gilt, wenn der Pflichtige in den Fällen des Art. 50 Abs. 2 die unrichtigen Angaben noch vor der Einleitung des Wertermittlungsverfahrens (Art. 36) und, wenn ein solches nicht stattfindet, noch vor der Einleitung des Strafverfahrens berichtigt hat.

II Dieselbe Strafe ziehen Zuwiderhandlungen gegen die Vorschriften dieses Gesetzes oder gegen die Vollzugsvorschriften nach sich, die im Gesetze mit keiner besonderen Strafe belegt sind.

Art. 52. I Die auf Grund dieses Gesetzes zu verhängenden Strafen sind bei Genossenschaften und Aktiengesellschaften gegen die Vorstandsmitglieder, bei Kommanditgesellschaften gegen die persönlich haftenden Gesellschafter, bei offenen Handelsgesellschaften gegen die Gesellschafter, bei Gesellschaften mit beschränkter Haftung gegen die Geschäftsführer, bei Gewerkschaften gegen die Repräsentanten oder Grubenvorstände nur im einmaligen Betrage, jedoch unter Haftbarkeit jedes einzelnen als Gesamtschuldner, festzusetzen.

II Ebenso ist zu verfahren, wenn bei einem Geschäfte mehrere Personen als Vertreter desselben Beteiligten oder als Aussteller der Urkunde beteiligt sind.

Art. 53. Zur Vollstreckung einer uneinbringlichen Geld- oder Ordnungsstrafe darf, wenn der Zahlungspflichtige ein Deutscher ist, ohne dessen Zustimmung die Zwangsversteigerung eines Grundstücks nicht betrieben werden. Eine uneinbringliche Geldstrafe wird in Freiheitsstrafe nicht umgewandelt.

Art. 54. I Der unbefugte Handel mit Stempelmarken wird unter Einziehung der Vorräte mit Geldstrafe bis zu 150 Mark bestraft.

II Wer Stempelmarken um einen höheren Preis als ihren Nennwert verkauft oder eine höhere Vergütung hiefür in Ansatz bringt, verfällt, sofern nicht eine strengere Strafe verwirkt ist, in eine Geldstrafe von 20 bis 60 Mark.

Art. 55. I Die Zuständigkeit und das Verfahren bei der Verfolgung von strafbaren Zuwiderhandlungen gegen die Vorschriften dieses Gesetzes oder die Vollzugsvorschriften richten sich nach den Vorschriften des Reichs-Gerichtsverfassungsgesetzes und der Reichs-Strafprozeßordnung.

II Hinsichtlich des Verfahrens im Verwaltungswege finden die Art. 86, 87 Abs. 1, Art. 88 Abs. 1, Art. 89 Abs. 1 bis 3, 5, Art. 90, 91, 92 Abs. 2 des Gesetzes zur Ausführung der Reichs-Strafprozeßordnung entsprechende Anwendung mit der Maßgabe, daß an Stelle der Zollbehörden die von der Staatsregierung bestimmten Steuerstellen und, soweit Pflichtwidrigkeiten öffentlicher Beamten und Bediensteten in Frage stehen, die vorgesetzten Behörden zu treten haben.

III Die Strafverfolgung von Zuwiderhandlungen gegen die Vorschriften dieses Gesetzes oder die Vollzugsvorschriften verjährt in drei Jahren, die Vollstreckung der rechtskräftig ausgesprochenen Strafen verjährt in fünf Jahren.

Art. 56. Die nach diesem Gesetze zu entrichtenden Stempelabgaben unterliegen der Verjährung nach Maßgabe des Art. 124 des Ausführungsgesetzes zum Bürgerlichen Gesetzbuche.

Art. 57. Das Verfahren in Stempelsachen ist, mit Ausnahme des Beschwerdeverfahrens und des Strafverfahrens sowie vorbehaltlich der Vorschrift des Art. 36 Abs. 3, gebühren- und kostenfrei.

Art. 58. Die Verwaltung der Stempelabgaben obliegt den Finanzbehörden unter der Leitung des Staatsministeriums der Finanzen.

Art. 59. Die Staatsregierung bestimmt die Behörden und Stellen, von denen die den Steuerstellen und den Aufsichtsbehörden zukommenden Befugnisse und Obliegenheiten wahrzunehmen sind.[1])

Art. 60. I Soweit nach diesem Gesetze die Stempelpflicht durch Einzahlung der geschuldeten Beträge bei anderen Behörden oder Beamten als den Steuerstellen zu erfüllen ist, obliegt diesen Behörden oder Beamten, einschließlich der Notare, die Berechnung und Festsetzung der Abgabe, die Aufforderung der Schuldner zur Einzahlung, die Entgegennahme der eingezahlten Beträge sowie deren Ablieferung an die Steuerstelle.[1])

II Die zwangsweise Beitreibung erfolgt durch die Steuerstelle. Die Staatsregierung ist berechtigt, in den Fällen, in denen der Ansatz und die Erhebung von Stempelabgaben den Gerichtsschreibern, den Gerichtsvollziehern oder den Gemeindebehörden obliegt (Art. 15, 16), diesen auch die zwangsweise Beitreibung zu übertragen.[3])

Art. 61. I Behörden und Beamte, einschließlich der Notare, ferner Aktiengesellschaften, Kommanditgesellschaften auf Aktien, Genossenschaften, Gewerkschaften, Gesellschaften mit beschränkter Haftung sowie deren Vorstände, Angestellte, Bevollmächtigte oder Beauf-

---

[1]) VB 12. [2]) VB 2, 6. VSt 13, 14, 15. [3]) VSt 7.

tragte, ingleichen alle Personen, die öffentliche Versteigerungen von nicht zu den unbeweglichen Sachen gehörenden Gegenständen auf eigene oder fremde Rechnung gewerbsmäßig vornehmen, sind verpflichtet, den mit der Beaufsichtigung des Stempelwesens betrauten Behörden, den von diesen bestimmten Prüfungsbeamten sowie den Steuerstellen auf deren Verlangen die stempelpflichtigen Verhandlungen vorzulegen sowie die Einsicht ihrer Akten, Bücher und Schriftstücke zu gestatten.[1])

II Wenn Tatsachen vorliegen, welche den dringenden Verdacht rechtfertigen, daß eine Privatperson eine Vorschrift des Stempelgesetzes verletzt hat, so hat sie sich auf Verlangen der Steuerstelle über die Beobachtung der Vorschriften dieses Gesetzes und der Vollzugsvorschriften auszuweisen und die über bestimmt zu bezeichnende Geschäfte errichteten Urkunden sowie den darauf bezüglichen Schriftenwechsel zur Einsicht vorzulegen.

III Wird den nach Abs. 1, 2 erlassenen Aufforderungen nicht genügt, so können die Säumigen nach vorheriger Androhung durch Geldstrafen zur Befolgung der Aufforderungen angehalten werden. Die einzelne Strafe darf 100 Mark nicht übersteigen. Zur Androhung und Verhängung der Strafe ist die Steuerstelle zuständig. Die Vorschriften des Art. 55 finden Anwendung.

Art. 62. I Die zum Vollzuge dieses Gesetzes erforderlichen Vorschriften erläßt die Staatsregierung.[2])

II Die Staatsregierung trifft die erforderlichen Anordnungen wegen der Anfertigung, des Verkaufs und der Verwendung von Stempelmarken.[3]) Sie bestimmt die Fälle, in denen die Stempelpflicht durch Verwendung von Stempelmarken ohne amtliche Überwachung erfüllt werden kann. Sie bestimmt die Behörden und Beamten, denen die Überwachung der Markenverwendung in den Fällen obliegt, in denen die Verwendung von Stempelmarken nur unter amtlicher Überwachung zugelassen wird.

---

[1]) VB 14. [2]) VB, VSt [3]) VSt 6—9.

Tarif.

1	2	3				4
Laufende Nummer	Gegenstand der Besteuerung	Steuersatz vom Hundert	Steuersatz vom Tausend	ℳ	₰	Berechnung der Stempelabgabe
1	I **Abschriften** (beglaubigte und unbeglaubigte) der Notare	—	—	1	—	
	II Die dem Grundbuchamte gemäß § 9 Abs. 1 der Grundbuchordnung zur Aufbewahrung vorzulegende beglaubigte Abschrift der Urkunde ist stempelfrei.					
2	**Abtretung** von Forderungen und sonstigen Rechten.					
	A. I Die Erklärung der Abtretung einer **Hypothek**, einer **Grundschuld** oder **Rentenschuld** oder einer Forderung, für die ein eingetragenes Recht als Pfand haftet,					
	a) wenn die Hypothek, Grundschuld oder Rentenschuld oder die Forderung auf einem in Bayern gelegenen Grundstück oder den Grundstücken gleichstehenden Rechte eingetragen ist, und zwar wenn die abgetretene Hypothek, Grundschuld oder Forderung oder die Ablösungssumme der Rentenschuld nicht mehr als 2000 Mark beträgt .	—	2	—	—	des Betrags der Hypothek oder Grundschuld, der Ablösungssumme der Rentenschuld oder der Forderung, für die das eingetragene Recht als Pfand haftet.
	sonst	—	3	—	—	
	b) wenn die Hypothek, Grundschuld oder Rentenschuld oder das Recht auf einem außerhalb Bayerns gelegenen Grundstück oder den Grundstücken gleichstehenden Rechte eingetragen ist[1] .	—	—	2	—	
	II Der gleiche Stempel wird erhoben für die Bewilligung des bisherigen Gläubigers, daß die Abtretung der Hypothek, Grundschuld oder Rentenschuld oder der Forderung, für die ein eingetragenes Recht als Pfand haftet, in das Grundbuch eingetragen werden soll, sofern nicht über					

[1]) VB 4.

1	2	3				4
Laufende Nummer	Gegenstand der Besteuerung	Steuersatz vom Hundert	Steuersatz vom Tausend	ℳ	₰	Berechnung der Stempelabgabe
(2)	die Abtretung eine in Bayern versteuerte oder vom **Stempel** befreite Urkunde vorgelegt wird. Wird die Urkunde über das der Eintragung zugrunde liegende Rechtsgeschäft nach der Zahlung des Stempels für die Eintragungsbewilligung errichtet, so ist auf den zu dieser Urkunde zu entrichtenden Stempel der für die Eintragungsbewilligung gezahlte Stempel anzurechnen. Betrifft die Eintragungsbewilligung eine Hypothek, Grundschuld oder Rentenschuld, für die mehrere Grundstücke oder grundstücksgleiche Rechte haften, so wird die Abgabe nur einmal erhoben. Die Stempelabgabe für die Eintragungsbewilligung wird erstattet, wenn die Abtretung im Grundbuche nicht eingetragen worden ist. III Diese Vorschriften finden entsprechende Anwendung auf das Anerkenntnis, daß eine Forderung, für die eine Hypothek besteht, kraft Gesetzes übertragen ist, sowie auf die Übertragung des Pfandrechts an einem im Schiffsregister eingetragenen Schiffe. B. I Die Abtretung des **Anteils an einem Nachlasse,** wenn der Wert des Gegenstandes beträgt:[1]					
	nicht mehr als 2000 Mark . . .	—	2	—	—	vom reinem Werte des Anteils nach Abzug der Schulden.
	mehr als 2000 Mark	—	3	—	—	
	II Dem gleichen Stempel unterliegt die Erklärung, durch die ein anteilsberechtigter Abkömmling nach dem Eintritte der fortgesetzten Gütergemeinschaft auf seinen Anteil an dieser verzichtet. C. I Die notariell beurkundete oder beglaubigte **Abtretung sonstiger Forderungen oder Rechte,** sofern nicht die Vorschriften in den Tarifstellen 23 Abs. II, 41 A Abs. IV, V Anwendung finden, wenn					

[1]) VB 4.

1	2	3				4
Laufende Nummer	Gegenstand der Besteuerung	Steuersatz vom Hundert	Steuersatz vom Tausend	ℳ	₰	Berechnung der Stempelabgabe
(2)	der Wert der abgetretenen Forderungen oder Rechte beträgt[1])					
	nicht mehr als 2000 Mark . . .	—	2	—	—	vom Werte der abgetretenen Forderungen oder Rechte.
	mehr als 2000 Mark	—	3	—	—	
	II Die Überlassung der Ausübung einer persönlichen Dienstbarkeit ist wie eine Forderungsabtretung zu behandeln.					
	III Für die Stempelpflicht begründet es keinen Unterschied, ob die Annahmeerklärung des neuen Gläubigers mitbeurkundet ist oder nicht.					
3	I **Änderungen** des Inhalts oder Ranges eingetragener Rechte an Grundstücken oder grundstücksgleichen Rechten sowie sonstige Rechtsgeschäfte, die Grundstücke oder Rechte an Grundstücken betreffen, wenn der Wert des Gegenstandes beträgt					
	nicht mehr als 200 Mark. . . .	—	—	—	50	
	mehr als 200 Mark, aber nicht mehr als 2000 Mark	—	—	1	—	
	mehr als 2000 Mark	—	—	2	—	
	II Der Stempel ist für die Eintragungsbewilligung zu entrichten, falls nicht über die Änderung oder das Rechtsgeschäft eine in Bayern versteuerte oder von der Steuer befreite Urkunde vorgelegt wird. Wird die Urkunde über die Änderung oder das Rechtsgeschäft nach der Zahlung des Stempels für die Eintragungsbewilligung errichtet, so ist auf den Stempel zu dieser Urkunde der für die Eintragungsbewilligung gezahlte Stempel anzurechnen.					
	III Als Änderung des Inhalts eines Rechtes im Sinne dieser Tarifstelle ist es auch anzusehen, wenn					
	a) an die Stelle der Forderung, für die eine Hypothek besteht, eine andere Forderung desselben Gläubigers gesetzt wird,					

[1]) VB 4.

1	2	3				4
Laufende Nummer	Gegenstand der Besteuerung	Steuersatz vom Hundert	Steuersatz vom Tausend	ℳ	₰	Berechnung der Stempelabgabe
(3)	b) die Erteilung des Briefes über eine Hypothek, Grundschuld oder Rentenschuld nachträglich ausgeschlossen oder die Ausschließung des Briefes nachträglich aufgehoben wird. IV Steht im Falle der Ersetzung der durch eine Hypothek gesicherten Forderung durch eine andere Forderung die neue Forderung einem anderen Gläubiger zu, so wird der Stempel der Tarifstelle 2 A erhoben. V Der Stempel wird im Falle des Abs. II erstattet, wenn die beantragte Eintragung im Grundbuche nicht stattgefunden hat.					
4	**Anerkennung der Vaterschaft** eines unehelichen Kindes vor einem Notar .	—	—	2	—	
5	Verträge über **Annahme** oder Aufhebung der Annahme **an Kindes Statt**	—	—	3	—	
6	**Anstellung** als Notar	—	—	50	—	
7	**Approbationsscheine** für Ärzte, Zahnärzte, Tierärzte, Apotheker . . .	—	—	10	—	
8	I **Auflassungen** von in Bayern gelegenen Grundstücken sowie Anträge auf Eintragung der Begründung oder Übertragung von in Bayern gelegenen Rechten, auf welche die Vorschriften für Grundstücke Anwendung finden, unterliegen dem Stempel wie Verträge, durch die sich der eine Teil verpflichtet, das Eigentum an einem in Bayern gelegenen Grundstücke zu übertragen oder ein in Bayern gelegenes, den Grundstücken gleichstehendes Recht zu bestellen oder zu übertragen (s. Tarifstelle 23 Abs. I A).[1] II Der Auflassungsstempel wird nicht erhoben, wenn über das Veräußerungsgeschäft eine in Bayern versteuerte oder von der Steuer befreite Urkunde vorgelegt wird. III Eine solche Urkunde (Abs. II) gilt als nicht vorhanden, wenn die Urkunde					

[1]) VSt 4

1	2	3				4
Laufende Nummer	Gegenstand der Besteuerung	Steuersatz vom Hundert	Tausend	ℳ	₰	Berechnung der Stempelabgabe
(8)	a) das Veräußerungsgeschäft nicht so enthält, wie es unter den Beteiligten hinsichtlich der Gegenleistung verabredet ist, b) die Veräußerung durch einen Bevollmächtigten enthält, die Veräußerung aber erweislich für Rechnung des Bevollmächtigten vorgenommen ist, c) die Veräußerung durch den Eigentümer enthält, die Veräußerung aber erweislich für Rechnung eines anderen vorgenommen ist, d) die Veräußerung an einen anderen enthält als an den, an welchen die Auflassung erfolgt, sofern nicht der Erwerber das Geschäft erweislich auf Grund eines Auftrags oder einer Geschäftsführung ohne Auftrag für den abgeschlossen hat, an welchen die Auflassung erfolgt. Ist jedoch die Urkunde, durch welche der, an den die Auflassung erfolgt, das Recht auf die Auflassung erworben hat, nach Maßgabe der Vorschrift unter Abs. II der Tarifstelle 23 versteuert, so gilt die Urkunde als vorhanden, e) eine Schenkung unter Lebenden zum Gegenstande hat. IV Wird die Urkunde über das zugrunde liegende Veräußerungsgeschäft nach der Zahlung des Auflassungsstempels errichtet, so ist auf den für diese Urkunde geschuldeten Stempel der gezahlte Auflassungsstempel anzurechnen. V Die Abs. I bis IV finden bei der Übertragung des Eigentums an einem Grundstücke, das im Grundbuche nicht eingetragen ist und nach den Vorschriften der Grundbuchordnung nicht eingetragen zu werden braucht, hinsichtlich der Erklärung des Erwerbers und des Veräußerers entsprechende Anwendung.					

1	2	3				4
		Steuersatz				
		vom				
Laufende Nummer	Gegenstand der Besteuerung	Hundert	Tausend	ℳ	₰	Berechnung der Stempelabgabe
9	**Auseinandersetzungen.**[1] I Verträge über die Auseinandersetzung eines Nachlasses oder des Gesamtguts einer ehelichen oder fortgesetzten Gütergemeinschaft, a) soweit sie Grundstücke oder den Grundstücken gleichstehende Rechte oder Rechte der im Abs. II der Tarifstelle 23 bezeichneten Art zum Gegenstande haben, Versteuerung nach Tarifstelle 23, b) soweit sie bewegliche Sachen oder den beweglichen Sachen gleichstehende Rechte zum Gegenstande haben, wenn der Gegenstand beträgt					
	nicht mehr als 2000 Mark . .	—	2	—	—	vom Wert der beweglichen Sachen oder diesen gleichstehenden Rechte.
	mehr als 2000 Mark	—	3	—	—	
	II Bei der Berechnung des Stempels bleibt jener Teil des Gegenstandes außer Ansatz, der dem Anteile des Übernehmers entspricht. Diese Bestimmung findet jedoch insoweit keine Anwendung, als der Übernehmer durch Rechtsgeschäft unter Lebenden Anteile anderer Anteilsberechtigter erworben hat. III Die Vorschriften der Abs. I, II gelten auch für die Vermittelung der Auseinandersetzung nach den §§ 86, 99 des Gesetzes über die Angelegenheiten der freiwilligen Gerichtsbarkeit. IV Der im Abs. I b bezeichnete Stempel wird auch für nicht beurkundete Auseinandersetzungen erhoben, wenn der Entwurf zu der Auseinandersetzung unter der Mitwirkung einer nicht zu den Beteiligten gehörenden Person aufgestellt worden ist. Als stempelpflichtige Urkunde gilt der Entwurf.					
10	I **Ausfertigungen** der Notare . . .	—	—	1	—	
	II Dazu wird für vollstreckbare Ausfertigungen von Urkunden der Notare, falls es sich nicht um Urkunden über					

[1]) VB 4.

1	2	3				4
Laufende Nummer	Gegenstand der Besteuerung	Steuersatz vom Hundert	Steuersatz vom Tausend	ℳ	₰	Berechnung der Stempelabgabe
(10)	eine Forderung handelt, für die eine Hypothek, Grundschuld oder Rentenschuld besteht, ein weiterer Stempel erhoben von	—	1	—	—	der Gegenstandssumme
	mindestens jedoch	—	—	1	—	
11	**Automaten und Musikwerke.**[1]					
	I Jahreskarten, auch nicht unterschriebene, für jeden auf Bahnhöfen oder anderen öffentlichen Orten und Plätzen oder in Gast- und Schankwirtschaften oder sonstigen öffentlichen Lokalen zur Aufstellung gelangenden					
	a) Warenautomaten					
	mit einem Warenbehälter . . .	—	—	1	—	
	für jeden weiteren Warenbehälter um mehr.	—	—	—	50	
	Warenautomaten, die auf Bahnhöfen aufgestellt sind, unterliegen dem halben Stempel.					
	b) Stereoskop-, Schau- oder Scherzautomaten	—	—	5	—	
	c) Musikautomaten oder für jedes an den vorbezeichneten Stellen zur Aufstellung gelangende Klavier oder mechanische Musikwerk, einschließlich der Grammophone, Phonographen und ähnlichen Apparate, wenn der Anschaffungspreis oder in Ermangelung eines solchen der Wert des Automaten oder Musikwerkes beträgt:					
	nicht mehr als 100 Mark	—	—	2	—	
	mehr als 100 Mark, aber nicht mehr als 300 Mark	—	—	3	—	
	mehr als 300 Mark, aber nicht mehr als 500 Mark	—	—	5	—	
	mehr als 500 Mark, aber nicht mehr als 1000 Mark	—	—	10	—	
	mehr als 1000 Mark, aber nicht mehr als 2000 Mark	—	—	20	—	

[1]) VB 7, 18.

1 Laufende Nummer	2 Gegenstand der Besteuerung	3 Steuersatz vom Hundert	 vom Tausend	 ℳ	 ₰	4 Berechnung der Stempelabgabe
(11)	mehr als 2000 Mark, aber nicht mehr als 3000 Mark	—	—	30	—	
	mehr als 3000 Mark, aber nicht mehr als 4000 Mark	—	—	40	—	
	mehr als 4000 Mark	—	—	50	—	
	d) Automaten anderer Art als die unter a bis c aufgeführten	—	—	2	—	
	II Entsteht die Stempelpflicht für die unter Abs. I aufgeführten Gegenstände in der Zeit zwischen dem 1. Juli und 31. Dezember, so beträgt für diese Zeit der Stempel die Hälfte der vorstehenden Steuersätze.					
	III Befreit sind Automaten, 1. die zu Betriebszwecken öffentlicher Behörden oder Verkehrsunternehmungen aufgestellt werden, 2. die zur Abgabe von Gas und Elektrizität zu hauswirtschaftlichen oder gewerblichen Zwecken dienen, 3. Sparautomaten der öffentlichen Sparkassen.					
	IV Der Eigentümer eines Automaten oder eines Musikwerkes oder, wenn der Automat oder das Musikwerk einem anderen zur Ausnützung überlassen worden ist, dieser, hat spätestens innerhalb eines Monats nach dem Tage der Inbetriebsetzung des Automaten oder des Musikwerkes und für die Folge spätestens innerhalb des Monats Januar jeden Kalenderjahres bei der zuständigen Steuerstelle gegen Zahlung des Abgabenbetrags die hier bezeichnete Jahreskarte zu lösen.					
12	I **Beglaubigungen** von Unterschriften oder Handzeichen durch die Notare, sofern nicht ein anderes bestimmt ist, mindesten[1])	—	—	2	—	
	wenn aber eine notarielle Urkunde über das Geschäft einen geringeren Stempel erfordern würde, dieser Stempel.					

[1]) VB 9.

1	2	3				4
Laufende Nummer	Gegenstand der Besteuerung	Steuersatz vom Hundert	vom Tausend	ℳ	𝔡	Berechnung der Stempelabgabe
(12)	II Befreit sind: 1. Beglaubigungen von Unterschriften oder Handzeichen unter Anträgen, Vollmachten oder Genehmigungserklärungen, die ausschließlich eine im Staats- oder Reichsschuldbuch einzutragende oder eingetragene Forderung betreffen, 2. Beglaubigungen von privatschriftlich errichteten Urkunden über die in den Tarifstellen 2 A, 3, 13, 14 und 24 aufgeführten Rechtsgeschäfte und Erklärungen.					
13	I **Erklärung der Belastung einer Hypothek, Grundschuld oder Rentenschuld** oder einer Forderung, für die ein eingetragenes Recht als Pfand haftet,					
	a) wenn die Hypothek, Grundschuld, Rentenschuld oder das Recht auf einem in Bayern gelegenen Grundstück oder den Grundstücken gleichstehendem Rechte eingetragen ist, und zwar wenn die für die Berechnung des Stempels maßgebende Gegenstandssumme nicht mehr als 2000 Mark beträgt	—	2			des Betrags der belasteten Hypothek od. Grundschuld od. Forderung od. der Ablösungssumme der belasteten Rentenschuld; ist die Forderung, zu deren Gunsten die Belastung erfolgt, niedriger, so ist nach dieser der Stempel zu berechnen.
	sonst	—	3			
	b) wenn die Hypothek, Grundschuld, Rentenschuld oder das Recht auf einem nicht in Bayern gelegenen Grundstück oder den Grundstücken gleichstehendem Rechte eingetragen ist	—	—	2	—	
	II Der gleiche Stempel wird erhoben für die Bewilligung, daß die Belastung der Hypothek, Grundschuld oder Rentenschuld oder der Forderung, für die ein eingetragenes Recht als Pfand haftet, in das Grundbuch eingetragen werden soll, sofern nicht über die Belastung eine in Bayern versteuerte oder von der Steuer befreite Urkunde vorgelegt wird. Wird die Urkunde über das der Eintragung zugrunde liegende Rechts-					

1	2	3				4
Laufende Nummer	Gegenstand der Besteuerung	Steuersatz vom Hundert	Steuersatz vom Tausend	ℳ	₰	Berechnung der Stempelabgabe
(13)	geschäft nach der Zahlung des Stempels für die Eintragungsbewilligung errichtet, so ist auf den zu dieser Urkunde zu entrichtenden Stempel der für die Eintragungsbewilligung gezahlte Stempel anzurechnen. Betrifft die Eintragungsbewilligung die Belastung einer Hypothek, Grundschuld oder Rentenschuld, für die mehrere Grundstücke oder grundstücksgleiche Rechte haften, so wird die Abgabe nur einmal erhoben. Die Stempelabgabe für die Eintragungsbewilligung wird erstattet, wenn die Eintragung im Grundbuche nicht stattgefunden hat. III Diese Vorschriften finden auf die Belastung des Pfandrechts an einem im Schiffsregister eingetragenen Schiffe entsprechende Anwendung.					
14	**Dienstbarkeiten, Reallasten, Vorkaufsrechte.** I Urkunden über die Bestellung, wenn der Wert des Gegenstandes beträgt					
	nicht mehr als 2000 Mark . . .	2	—	—		des Wertes des Gegenstandes.
	mehr als 2000 Mark	3	—	—		des Wertes des Gegenstandes.
	Wird eine Dienstbarkeit oder Reallast an einem außerhalb Bayerns gelegenen Grundstücke bestellt	—		2	—	
	II Der gleiche Stempel wird erhoben für die Bewilligung, daß die Bestellung einer Dienstbarkeit, einer Reallast oder eines Vorkaufsrechts im Grundbuch eingetragen werden soll, wenn nicht über die Bestellung eine in Bayern versteuerte oder von der Steuer befreite Urkunde vorgelegt wird. Wird die Urkunde über die Bestellung erst nach der Zahlung des Stempels für die Eintragungsbewilligung errichtet, so ist auf den zu der Urkunde zu entrichtenden					

1	2	3				4
Laufende Nummer	Gegenstand der Besteuerung	Steuersatz vom Hundert	vom Tausend	ℳ	₰	Berechnung der Stempelabgabe
(14)	Stempel der für die Eintragungsbewilligung gezahlte Stempel anzurechnen. Die Stempelabgabe für die Eintragungsbewilligung wird erstattet, wenn die Eintragung im Grundbuche nicht stattgefunden hat.					
15	**Diplome** der Doktoren und Lizentiaten	—	—	20	—	[1])
16	Antrag des Vaters eines unehelichen Kindes auf **Ehelichkeitserklärung** . .	—	—	3	—	
17	I **Eheverträge**, wenn die Gegenstandssumme nach Abzug der Schulden beträgt					
	nicht mehr als 20 000 Mark . . .	—	—	3	—	
	mehr als 20 000 Mark, aber nicht mehr als 50 000 Mark	—	—	5	—	
	mehr als 50 000 Mark, aber nicht mehr als 75 000 Mark	—	—	10	—	
	mehr als 75 000 Mark, aber nicht mehr als 100 000 Mark	—	—	20	—	
	mehr als 100 000 Mark, aber nicht mehr als 150 000 Mark	—	—	30	—	
	mehr als 150 000 Mark, aber nicht mehr als 200 000 Mark	—	—	50	—	
	mehr als 200 000 Mark, aber nicht mehr als 300 000 Mark	—	—	75	—	
	mehr als 300 000 Mark	—	—	100	—	
	II Zuwendungen von beweglichem Vermögen, welche in Eheverträgen an eine der den Ehevertrag abschließenden Personen von ihren Eltern oder Stiefeltern gemacht werden, sind nicht als selbständige Rechtsgeschäfte zu besteuern.					
18	I **Erbverzichtsverträge** und Verträge, durch die ein Erbverzicht aufgehoben wird	—	—	3	—	
	II Verzicht eines anteilsberechtigten Abkömmlings vor dem Eintritte der fortgesetzten Gütergemeinschaft auf den Anteil an derselben und Verträge, durch die ein solcher Verzicht aufgehoben wird	—	—	3	—	
19	**Erlaubniserteilungen, Verleihungen** [2])					
	I Die Verleihung des Bergwerkseigentums, die Bestätigung der Vereinigung					

[1]) VSt 2. [2]) VB 5.

1 Laufende Nummer	2 Gegenstand der Besteuerung	3 Steuersatz vom Hundert	vom Tausend	ℳ	₰	4 Berechnung der Stempelabgabe
(19)	zweier oder mehrerer Bergwerke, der realen Teilung des Feldes eines Bergwerks und des Austausches von Feldesteilen zwischen angrenzenden Bergwerken, die Verleihung der Konzession zum Betrieb eines Eisenbahn-, Schiffahrts-, Straßenbahn- oder ähnlichen Verkehrsunternehmens, die Genehmigung zur Ausgabe von auf eine bestimmte Geldsumme lautenden Schuldverschreibungen auf den Inhaber, die Genehmigung zur Errichtung von Versicherungsunternehmungen sowie zur Ausdehnung des Geschäftsbetriebs auswärtiger derartiger Unternehmungen auf das Königreich, die Erlaubnis zum Geschäftsbetrieb eines Auswanderungsagenten . . .	—	—	50 bis 500	— —	
	In den Fällen des § 103 des Reichsgesetzes vom 12. Mai 1901 über die privaten Versicherungsunternehmungen kann die Abgabe bis auf 5 Mark ermäßigt werden.					
	II Apothekenkonzessionen: a) die Erteilung der Konzession zum Fortbetrieb einer Vollapotheke, einer homöopathischen Apotheke oder einer Zweigapotheke, wenn der Jahresreinertrag 3000 Mark nicht übersteigt	—	—	20 bis 100	— —	
	wenn der Jahresreinertrag über 3000 Mark beträgt, aber 7000 Mark nicht übersteigt	—	—	100 bis 200	— —	
	wenn der Jahresreinertrag über 7000 Mark beträgt, aber 10000 Mark nicht übersteigt	—	—	200 bis 300	— —	

1	2	3				4
Laufende Nummer	Gegenstand der Besteuerung	Steuersatz vom Hundert	Steuersatz vom Tausend	ℳ	₰	Berechnung der Stempelabgabe
(19)	wenn der Jahresreinertrag über 10 000 Mark beträgt	—	—	300 bis 800	—	
	b) die Erteilung der Konzession zur Neuerrichtung einer Vollapotheke, einer homöopathischen Apotheke oder Zweigapotheke	—	—	20 bis 500	—	
	wozu noch die nach Buchstabe a sich berechnende Abgabe zur Erhebung gelangt;					
	III die Erteilung der Erlaubnis zum Betrieb einer Privat-Kranken-, Privat-Entbindungs- oder Privat-Irrenanstalt sowie die Genehmigung zur Errichtung oder Leitung von Privatunterrichts- oder Erziehungsanstalten	—	—	10 bis 500	—	
	Anstalten, die zu vorwiegend gemeinnützigen Zwecken dienen, sind befreit;					
	IV die Genehmigung zum Betriebe des Gewerbes als Schauspielunternehmer	—	—	20 bis 500	—	
	V die Erteilung der Erlaubnis zum Betrieb einer Gast- oder Schankwirtschaft, wenn der erzielbare Jahrespachtertrag					
	200 Mark nicht übersteigt . . .	—	—	5	—	
	350 Mark „ „ . . .	—	—	5 bis 10	—	
	500 Mark „ „ . . .	—	—	10 bis 20	—	
	1000 Mark „ „ . . .	—	—	20 bis 30	—	
	1500 Mark „ „ . . .	—	—	30 bis 40	—	

1	2	3				4
Laufende Nummer	Gegenstand der Besteuerung	Steuersatz vom				Berechnung der Stempelabgabe
		Hundert	Tausend	ℳ	₰	
(19)	2 000 Mark nicht übersteigt . . .	—	—	40 bis 50	—	
	3 000 Mark „ „ . . .	—	—	50 bis 100	—	
	5 000 Mark „ „ . . .	—	—	100 bis 200	— —	
	10 000 Mark „ „ . . .	—	—	200 bis 400	—	
	15 000 Mark „ „ . . .	—	—	400 bis 600	—	
	20 000 Mark „ „ . . .	—	—	600 bis 1000	—	
	25 000 Mark „ „ . . .	—	—	1000 bis 1500	—	
	bei einem höheren Jahrespachtertrag erhöht sich die Untergrenze sowie die Obergrenze der Abgabe für je angefangene 5000 Mark um 500 Mark, jedoch nicht über 5000 Mark.					
	Hat der Konzessionar innerhalb eines Jahres von der Erteilung der Erlaubnis zurückgerechnet schon eine Stempelabgabe nach dieser Ziffer entrichtet, so wird diese zur Hälfte angerechnet.					
	Im Falle der Neuerrichtung einer Gast- oder Schankwirtschaft beträgt der Stempel, wenn der erzielbare Jahrespachtertrag					
	1000 Mark nicht übersteigt . . .	—	—	150	—	
	1500 Mark „ „ . . .	—	—	150 bis 225	—	
	2000 Mark „ „ . . .	—	—	225 bis 300	—	

1	2	3				4
Laufende Nummer	Gegenstand der Besteuerung	Steuersatz vom Hundert	Steuersatz vom Tausend	ℳ	₰	Berechnung der Stempelabgabe
(19)	3 000 Mark nicht übersteigt . . .	—	—	300 bis 450	— —	
	5 000 Mark " " . . .	—	—	450 bis 750	— —	
	10 000 Mark " " . . .	—	—	750 bis 1500	— —	
	20 000 Mark " " . . .		—	1500 bis 3000	— —	
	25 000 Mark " " . . .			3000 bis 3750	— --	
	bei einem höheren Jahrespachtertrag erhöht sich die Untergrenze sowie die Obergrenze der Abgabe für je angefangene 5000 Mark um 750 Mark, jedoch nicht über 10 000 Mark. Die gleichen Sätze kommen zur Anwendung bei der Ausdehnung eines bestehenden Betriebs; in diesem Falle wird jedoch die Abgabe nur abzüglich des auf die frühere Erlaubnis treffenden Betrags erhoben. Wird die Erlaubnis nur zu vorübergehenden Gelegenheiten oder auf nicht länger als zwei Jahre erteilt, so beträgt der Stempel 5 bis 300 Mark; erfolgt der Ausschank von Kaffee, Mineralwassern oder sonstigen nicht geistigen Getränken nur in besonders geringem Umfange, so kann die Abgabe bis auf 5 Mark ermäßigt werden;					
	VI die Erlaubnis zum Kleinhandel mit Branntwein und Spiritus . . .	—	—	10 bis 100	— —	
	und wenn die Erlaubnis nur zu vorübergehenden Gelegenheiten oder auf nicht mehr als 2 Jahre erteilt wird . .	—	—	5 bis 50	— —	

1	2	3				4
Laufende Nummer	Gegenstand der Besteuerung	Steuersatz vom Hundert	Steuersatz vom Tausend	ℳ	₰	Berechnung der Stempelabgabe
(19)	VII die Erlaubnis zum Feilbieten geistiger Getränke auf Grund der §§ 42a, 67 Abs. 2 der Reichsgewerbeordnung .	—	—	2 bis 300	— —	
	VIII die Erteilung einer Erlaubnis nach § 33a der Reichsgewerbeordnung	—	—	10 bis 1000	— —	
	IX die Erteilung der Erlaubnis zum Betriebe des Pfandleiher-, Pfandvermittler-, Gesindevermieter- oder Stellenvermittlergeschäfts	—	—	20 bis 500	— —	
	Bei Erteilung der Erlaubnis zum Betriebe des Gesindevermietergeschäfts kann im Falle besonders geringen Geschäftsumfanges die Abgabe bis auf 2 Mark ermäßigt werden;					
	X die Verleihung eines Kaminkehrbezirkes	—	—	20 bis 200	— —	
	XI Das Staatsministerium der Finanzen ist ermächtigt, die nach den Abs. I bis X geschuldeten Stempel ganz oder teilweise zu erlassen, sofern die Ausführung unterblieben und das Gesuch um Erlaß innerhalb zweier Jahre nach der Fälligkeit der Abgabe gestellt ist.					
20	**Familienfideikommisse und Familienstiftungen.**[1]					
	A. I Die Bestätigung der Errichtung oder Vermehrung eines Familienfideikommisses sowie die Genehmigung der Errichtung oder Vermehrung einer Familienstiftung	3	—	—	—	des gestifteten Vermögens, mit Ausnahme der außerhalb Bayerns gelegenen Grundstücke oder den Grundstücken gleichstehenden Rechte, ohne Abzug der Schulden
	II Ist die Bestätigung der Errichtung oder der Vermehrung eines Familienfideikommisses bedingt erfolgt (§§ 18, 28,					

[1]) VB 7, 11. VSt 3.

1 Laufende Nummer	2 Gegenstand der Besteuerung	3 Steuersatz vom Hundert	vom Tausend	ℳ	₰	4 Berechnung der Stempelabgabe
(20)	29 der VII. Beilage zur Verfassungsurkunde), so wird der Stempel erst nach der Erfüllung der Bedingung aus dem in diesem Zeitpunkte vorhandenen Vermögen erhoben. III Soweit Familienfideikommisse aus Bestandteilen bisheriger adeliger Familiengüter mit gebundener Erbfolge, (Lehen, Majorate, Stammgüter usw.) errichtet werden, wird der Stempel nicht erhoben. IV Die im Abs. I bestimmte Abgabe wird auch erhoben im Falle der Wiederverleihung eines Lehens oder der Einverleibung von in Bayern gelegenen Grundstücken oder den Grundstücken gleichstehenden Rechten in Güter, die auf Grund von Vorschriften der im Art. 58 des Einführungsgesetzes zum Bürgerlichen Gesetzbuche bezeichneten Art gebunden sind. B. Von Grundstücken oder grundstücksgleichen Rechten, die auf Grund von Vorschriften gebunden sind, die nach den Art. 58 und 59 des Einführungsgesetzes zum Bürgerlichen Gesetzbuch unberührt bleiben, ist eine jährliche Abgabe im Betrage von 1/20 vom Hundert des nach § 95 des Reichsstempelgesetzes vom 3. Juli 1913 ermittelten Wertes zu entrichten. C. Die notarielle Beurkundung der Errichtung oder der Vermehrung eines Familienfideikommisses oder einer Familienstiftung, gleichviel ob es sich um ein Rechtsgeschäft unter Lebenden oder um eine Verfügung von Todes wegen handelt	—	—	50	—	
21	I **Fischerkarten:** [1]) wenn die Fischerkarte nur zum Fischen mit der Handangel vom					

[1]) VB 5.

1	2	3				4
Laufende Nummer	Gegenstand der Besteuerung	Steuersatz vom Hundert	Steuersatz vom Tausend	ℳ	₰	Berechnung der Stempelabgabe
(21)	Ufer eines größeren Sees aus berechtigt und ihre Gültigkeit auf weniger als 3 Monate beschränkt ist	—	—	2	—	
	sonst	—	—	5	—	
	II Befreit sind: Karten der Gewerbsfischer sowie des Hilfs- und Aufsichtspersonals der Fischereiberechtigten, soweit diese selbst im Besitze der Fischerkarten sind.					
	III Welche Seen als größere im Sinne des Abs. I anzusehen sind, bestimmt die Staatsregierung.[1])					
22	**Gesellschaftsverträge.**					
	I Das Einbringen von in Bayern gelegenen Grundstücken oder den Grundstücken gleichstehenden Rechten oder von Rechten der in der Tarifstelle 23 Abs. II aufgeführten Art in eine Aktiengesellschaft, Kommanditgesellschaft auf Aktien, Gesellschaft mit beschränkter Haftung, offene Handelsgesellschaft, Kommanditgesellschaft, Gesellschaft des bürgerlichen Rechtes, Genossenschaft, Gewerkschaft oder in einen Verein, ferner die Ueberlassung solcher Grundstücke oder Rechte von diesen Gesellschaften usw. an einen Gesellschafter, Genossen, Gewerken oder an ein Vereinsmitglied oder an die Erben solcher Personen					
	Versteuerung nach Tarifstelle 23 A Abs. I.					
	II Beim Einbringen in eine offene Handelsgesellschaft, Kommanditgesellschaft oder Gesellschaft des bürgerlichen Rechtes sowie bei der Überlassung von Grundstücken oder Rechten seitens solcher Gesellschaften an einen Gesellschafter oder an seinen Erben bleibt für die Be-					

[1]) VSt 11.

1	2	3				4
Laufende Nummer	Gegenstand der Besteuerung	Steuersatz vom Hundert	Tausend	ℳ	₰	Berechnung der Stempelabgabe
(22)	rechnung des Stempels der Teil des Gegenstandes außer Ansatz, der dem Anteile des Einbringenden oder des Übernehmenden am Gesellschaftsvermögen entspricht. Dies gilt im Falle der Überlassung von Grundstücken oder Rechten jedoch nur insoweit, als nicht die Anteilsberechtigung des übernehmenden Gesellschafters oder, wenn die Erben eines Gesellschafters Übernehmer sind, die Anteilsberechtigung dieses Gesellschafters durch den Erwerb von Anteilen anderer Gesellschafter mittels Rechtsgeschäfts unter Lebenden oder durch Änderung des Gesellschaftsvertrags begründet worden ist. III Dem Stempel nach den Abs. I, II unterliegen auch Anträge auf Umschreibung von Gesellschaftsvermögen auf den Namen eines Gesellschafters im Grundbuche, wenn nicht eine in Bayern versteuerte oder vom Stempel befreite Urkunde der im Abs. I bezeichneten Art vorgelegt wird und auch nicht nach den Vorschriften des bürgerlichen Rechtes eine Auflassung erforderlich ist. Erfolgt die Errichtung der Urkunde oder die Auflassung erst nach der Zahlung des Stempels für den Umschreibungsantrag, so wird auf den Stempel für die Urkunde oder die Auflassung der für den Umschreibungsantrag gezahlte Stempel angerechnet. Der Stempel für den Umschreibungsantrag wird erstattet, wenn die Umschreibung im Grundbuche nicht stattgefunden hat.					
23	**Grundstücksübertragungen.** I A. Verträge, durch die sich der eine Teil verpflichtet, das Eigentum an einem in Bayern gelegenen Grundstücke zu über-					

Laufende Nummer	Gegenstand der Besteuerung	Steuersatz vom Hundert	Steuersatz vom Tausend	ℳ	₰	Berechnung der Stempelabgabe
1	2	3				4
(23)	tragen oder ein in Bayern gelegenes den Grundstücken gleichstehendes Recht zu bestellen oder zu übertragen[1].	2	—	—	—	des Wertes des Gegenstandes.
	Steht der Leistung eine Gegenleistung gegenüber, so wird der Stempel aus dem höheren Werte der Leistung oder der Gegenleistung berechnet.					
	Der Stempel ermäßigt sich auf die Hälfte					
	a) wenn der Wert des Gegenstandes nicht mehr als 2000 Mark beträgt,					
	b) bei Verträgen zwischen Verwandten oder Stiefverwandten in gerader Linie oder zwischen Ehegatten oder zwischen Geschwistern,					
	c) bei der Auseinandersetzung in Ansehung eines Nachlasses oder des Gesamtguts einer Gütergemeinschaft.					
	Sind bei Verträgen zwischen Verwandten oder Stiefverwandten (b) neben den Verwandten oder Stiefverwandten der absteigenden Linie deren Ehegatten oder Verlobten beteiligt, so findet die Ermäßigung auch auf deren Anteilsrechte Anwendung. Im übrigen ist die Stempelabgabe bei Mitbeteiligung weiterer Personen nach den Anteilsrechten der einzelnen Personen gesondert zu berechnen.					
	B. Verträge, durch die sich der eine Teil verpflichtet, das Eigentum an einem außerhalb Bayerns gelegenen Grundstücke zu übertragen oder ein außerhalb Bayerns gelegenes, den Grundstücken gleichstehendes Recht zu bestellen oder zu übertragen	—	—	3	—	
	II Die Vorschriften des Abs. I finden auf die Beurkundung der Übertragung der Rechte des Erwerbers aus einem Vertrage der im Abs. I bezeichneten Art sowie auf die Beurkundung der nachträglichen Erklärung des Erwerbers aus					

[1]) VB 4, 5.

1	2	3				4
Laufende Nummer	Gegenstand der Besteuerung	Steuersatz vom Hundert	Tausend	ℳ	₰	Berechnung der Stempelabgabe
(23)	einem solchen Vertrage, die Rechte aus dem Vertrage für einen Dritten erworben oder die Pflichten daraus für einen Dritten übernommen zu haben, Anwendung, sofern nicht der erste Erwerber den Vertrag erweislich auf Grund eines Auftrags oder einer Geschäftsführung ohne Auftrag für einen Dritten abgeschlossen hat und die Übertragung der Rechte dieses ersten Erwerbers an den Dritten erfolgt. Das gleiche gilt von der Übertragung der Rechte aus Anträgen zur Schließung eines entgeltlichen Vertrags der im Abs. I bezeichneten Art, sofern der Antrag den Veräußerer bindet, sowie aus Verträgen, durch die nur der Veräußerer zur Schließung eines solchen Vertrags verpflichtet wird. III Hat im Falle des Abs. II der erste Erwerber den Vertrag erweislich auf Grund eines Auftrags oder einer Geschäftsführung ohne Auftrag für einen Dritten abgeschlossen und gehört der Dritte, an den die Übertragung der Rechte des ersten Erwerbers erfolgt, nicht zu den in der Ermäßigungsbestimmung unter Abs. I A Abs. 3 b bezeichneten Verwandten des Veräußerers, so findet diese Ermäßigungsbestimmung auf den Vertrag zwischen dem Veräußerer und dem ersten Erwerber keine Anwendung. IV Die Ermäßigungsbestimmung unter Abs. I A Abs. 3 c findet bei der Auseinandersetzung in Ansehung eines Nachlasses für solche Personen keine Anwendung, die erst durch den Erwerb von Nachlaßanteilen auf Grund eines Rechtsgeschäfts unter Lebenden in die Erbengemeinschaft eingetreten sind. V Wird das Eigentum an einem Grundstücke mehreren Personen gemeinschaftlich übertragen und erklären diese Personen bei der Auflassung, daß sie das					

1	2	3				4
Laufende Nummer	Gegenstand der Besteuerung	Steuersatz vom Hundert	Steuersatz vom Tausend	ℳ	₰	Berechnung der Stempelabgabe
(23)	Grundstück im Wege des Vertrags unter sich teilen wollen, so unterliegen die zum Zwecke der Teilung geschlossenen Verträge nur einem Stempel von . . .	—	—	2	—	
	wenn sie binnen 6 Monaten abgeschlossen werden.					
	VI Diese Tarifstelle findet nur insoweit Anwendung, als in anderen Tarifstellen auf sie verwiesen ist.					
24	**Bestellung von Hypotheken, Grundschulden, Rentenschulden und Schiffspfandrechte.**					
	I Verträge, durch die sich der eine Teil verpflichtet, an einem in Bayern gelegenen Grundstück oder den Grundstücken gleichstehenden Rechte eine Hypothek, Grundschuld oder Rentenschuld zu bestellen, auch wenn nur die Erklärung des die Hypothek, Grundschuld oder Rentenschuld Bestellenden beurkundet ist	—	5	—	—	des Betrags der einzutragenden Hypothek oder Grundschuld, bei Höchstbetragshypotheken des Höchstbetrags, bei Rentenschulden der Ablösungssumme.
	wenn jedoch der Betrag der bestellten Hypothek, Grundschuld oder Rentenschuld, bei Höchstbetragshypotheken der Höchstbetrag 2000 Mark nicht übersteigt[1]	—	2½	—	—	
	II Wird eine Hypothek für ein Darlehen bestellt, das zum Zwecke der gänzlichen oder teilweisen Rückzahlung einer auf dem Grundstücke lastenden Hypothek aufgenommen wird, so werden, falls der Nachweis der Verwendung des Darlehens zu diesem Zwecke innerhalb eines Monats seit der Eintragung der Hypothek erbracht wird, die Stempel, Gebühren oder Taxen angerechnet, die für die Bestellung der rückbezahlten Hypothek entrichtet worden sind. Die Anrechnung unterbleibt, wenn die rückbezahlte Hypothek und, wenn das Darlehen zur Rückzahlung mehrerer Hypotheken bestimmt ist, die Summe dieser Hypotheken den Betrag von 10 000 Mark übersteigt. Soweit die Gebühr oder der Stempel					

[1] VB 4.

1	2	3				4
Laufende Nummer	Gegenstand der Besteuerung	Steuersatz vom Hundert	vom Tausend	ℳ	₰	Berechnung der Stempelabgabe
(24)	für die Bestellung der zurückbezahlten Hypothek durch Anrechnung auf früher bezahlte Stempel, Gebühren oder Taxen entrichtet worden ist, findet eine weitere Anrechnung nicht statt. III Ist über die Forderung eine mit dem Stempel der Tarifstelle 35 versteuerte Urkunde errichtet, so wird der für diese Urkunde entrichtete Stempel angerechnet. IV Verträge, durch die sich der eine Teil verpflichtet, eine Hypothek, Grundschuld oder Rentenschuld an einem außerhalb Bayerns gelegenen Grundstück oder den Grundstücken gleichstehenden Rechte zu bestellen, auch wenn nur die Erklärung des die Hypothek, Grundschuld oder Rentenschuld Bestellenden beurkundet ist	—	—	2	—	
	V Die Vorschriften der Abs. I bis III finden auf die Bestellung eines Schiffspfandrechts an einem im Schiffsregister eingetragenen Schiffe entsprechende Anwendung. VI Die Vorschriften der Abs. I bis III finden ferner entsprechende Anwendung auf die Erklärung des Eigentümers eines Grundstücks oder des Inhabers eines den Grundstücken gleichstehenden Rechtes, daß eine Grundschuld für ihn in das Grundbuch eingetragen werde. VII Das gleiche gilt für die Bewilligung der Eintragung einer Hypothek, Grundschuld oder Rentenschuld oder eines Schiffspfandrechts, sofern nicht über die Bestellung der Hypothek, Grundschuld oder Rentenschuld oder des Schiffspfandrechts eine in Bayern versteuerte oder vom Stempel befreite Urkunde vorgelegt wird. Wird die Urkunde nach der Zahlung des Stempels für die Eintragungsbewilligung errichtet, so ist auf den für die Urkunde zu entrichtenden					

1 Laufende Nummer	2 Gegenstand der Besteuerung	3 Steuersatz vom Hundert	3 Steuersatz vom Tausend	3 ℳ	3 ₰	4 Berechnung der Stempelabgabe
(24)	Stempel der Stempel für die Eintragungsbewilligung anzurechnen. Betrifft die Eintragungsbewilligung eine Hypothek, Grundschuld oder Rentenschuld, die auf mehreren Grundstücken oder grundstücksgleichen Rechten eingetragen werden soll, so wird der Stempel nur einmal erhoben. Die Stempelabgabe für die Eintragungsbewilligung wird erstattet, wenn die Eintragung im Grundbuch oder im Schiffsregister nicht stattgefunden hat. VIII Der Bewilligung der Eintragung einer Hypothek, Grundschuld oder Rentenschuld steht gleich die Bewilligung der Eintragung einer Vormerkung zur Sicherung des Anspruchs auf Einräumung eines solchen Rechtes. Wird nach erfolgter Vormerkung die Eintragung des Rechtes bewilligt, so ist auf den Stempel für die Bewilligung der Eintragung des Rechtes der für die Bewilligung der Eintragung der Vormerkung gezahlte Stempel anzurechnen. Auf Vormerkungen nach § 648 des Bürgerlichen Gesetzbuchs finden diese Vorschriften keine Anwendung.					
25	I **Inventare und Vermögensverzeichnisse**, sofern sie von Behörden oder Beamten, insbesondere von Notaren beurkundet sind	—	2	—	—	des ausgewiesenen Vermögens unter Abzug der Schulden.
	oder wenn sie gerichtlichen oder notariellen Urkunden als Beilagen beigereiht werden, ...	—	1	—	—	
	Im Falle der Beteiligung Minderjähriger ermäßigt sich der Stempel auf die Hälfte. II Befreit sind 1. Inventare und Vermögensverzeichnisse in Vormundschaftssachen und in solchen Nachlaßsachen, in denen					

1	2	3				4
Laufende Nummer	Gegenstand der Besteuerung	Steuersatz vom Hundert	vom Tausend	ℳ	₰	Berechnung der Stempelabgabe
(25)	der reine Nachlaß nach Abzug der Schulden nicht mehr als 2000 Mark beträgt, 2. Inventare und Vermögensverzeichnisse, wenn das ausgewiesene Vermögen nach Abzug der Schulden den Betrag von 150 Mark nicht übersteigt.					
26	**Jagdkarten** und Jagdwaffenscheine[1])	—	—	30	—	
27	I **Kauf- und Tauschverträge** und andere entgeltliche Veräußerungsgeschäfte, soweit nicht besondere Tarifstellen zur Anwendung kommen, wenn sie betreffen a) Grundstücke oder den Grundstücken gleichstehende Rechte oder Rechte der im Abs. II der Tarifstelle 23 bezeichneten Art, Versteuerung nach Tarifstelle 23; b) andere Gegenstände,[2]) falls die für die Stempelberechnung maßgebende Gegenstandssumme beträgt nicht mehr als 2000 Mark .	—	2	—	—	
	sonst	—	3	—	—	
	Der Stempel unter b wird nur erhoben, wenn der Vertrag notariell beurkundet oder beglaubigt ist. II Bei Tauschverträgen wird der Stempel nach dem Werte der von einem der Vertragschließenden in Tausch gegebenen Gegenstände berechnet, und zwar jener, die den höheren Wert haben. Bei dem Tausche von in Bayern gelegenen Grundstücken gegen außerhalb Bayerns gelegene wird der Stempel nur nach dem Werte der ersteren berechnet. III Im übrigen berechnet sich der Stempel bei den in Abs. I b bezeichneten Gegenständen a) bei Kauf- und Lieferungsverträgen vom Kauf- oder Lieferungspreis unter Hinzurechnung des Wertes der ausbedungenen Leistungen und vorbehaltenen Nutzungen; bei anderen					

1) VB 5. 2) VB 4.

1	2	3				4
Laufende Nummer	Gegenstand der Besteuerung	Steuersatz vom Hundert	Steuersatz vom Tausend	ℳ	₰	Berechnung der Stempelabgabe
(27)	Verträgen vom Gesamtwerte der Gegenleistung unter Hinzurechnung des Wertes der vorbehaltenen Nutzungen oder, wenn der Wert der Gegenleistung aus dem Vertrage nicht hervorgeht, von dem Werte des veräußerten Gegenstandes; b) bei Verträgen über Leistung an Erfüllungs Statt nach dem Werte, zu dem die Gegenstände an Erfüllungs Statt angenommen werden. Wird in einem Kaufvertrage hinsichtlich des Kaufpreises eine Leistung an Erfüllungs Statt vereinbart, so ist der Vertrag wie ein Tauschvertrag zu versteuern. IV Wenn zwei oder mehrere Grundstückseigentümer durch Tausch von in Bayern gelegenen Grundstücken, die der landwirtschaftlichen oder forstwirtschaftlichen Benützung gewidmet sind, ihren ganzen Grundbesitz oder einen Teil zur günstigeren Bewirtschaftung in Zusammenhang bringen, so beträgt der Stempel für die Beurkundung des Tauschvertrags, für die Auflassungserklärung und für die Übertragung von Hypotheken, Grundschulden oder Rentenschulden	—	—	2	—	
	Für Tauschverträge zwischen zwei Grundstückseigentümern, bei denen diese Voraussetzungen nur auf eine Seite gegeben sind	1	—	—	—	
	Eine Geldaufgabe sowie überhaupt jeder Mehrwert des eingetauschten Grundstücks gegenüber dem vertauschten Grundstück unterliegt der Beisteuerung nach Abs. I. V Ist bei Verträgen der im Abs. I bezeichneten Art auf der einen Seite eine Erbengemeinschaft oder eine sonstige Gesamthandsgemeinschaft und auf der anderen Seite ein Teilnehmer an dieser Ge-					

1 Laufende Nummer	2 Gegenstand der Besteuerung	3 Steuersatz vom Hundert	vom Tausend	ℳ	₰	4 Berechnung der Stempelabgabe
(27)	meinschaft beteiligt, so finden die Vorschriften der Tarifstelle 9 Abs. II und der Tarifstelle 22 Abs. II entsprechende Anwendung. VI Beurkundungen von Veräußerungen beweglicher Sachen unterliegen dem Stempel dieser Tarifstelle auch dann, wenn sie nur von einem der Vertragschließenden unterzeichnet und dem anderen Vertragschließenden ausgehändigt sind.					
28	I Notariell beurkundete oder beglaubigte **Leibrentenverträge, Rentenverträge** und sonstige Verträge, durch die das Recht auf zu gewissen Zeiten wiederkehrende Leistungen für eine oder mehrere bestimmte Personen während der Lebensdauer der Berechtigten oder auf bestimmte oder unbestimmte Zeit gegen Entgelt erworben wird, wenn der Kapitalwert der Leistungen beträgt:[1])					vom Kapitalwerte der Leistungen oder dem höheren Werte der Gegenleistung.
	nicht mehr als 2000 Mark . .	—	2	—	—	
	sonst.	—	3	—	—	
	II Diese Tarifstelle findet nur Anwendung, wenn der Erwerb des Rechtes auf die Rente oder die Leistung nach der Absicht der Vertragschließenden den Hauptgegenstand des Vertrags bildet.					
29	**Mietverträge und Pachtverträge.** I Notariell beurkundete oder beglaubigte Miet- oder Pachtverträge, wenn der Wert des Gegenstandes beträgt					
	nicht mehr als 2000 Mark . . .	—	2	—	—	
	mehr als 2000 Mark	—	3	—	—	
	Bei Miet- oder Pachtverträgen, welche auf bestimmte Zeit abgeschlossen werden, bildet der Betrag des einjährigen Zinses vermehrt mit der Zahl der Jahre und, wenn der fünfundzwanzigfache Betrag geringer ist, dieser die Gegenstandssumme.					

[1]) VB 4.

Laufende Nummer	Gegenstand der Besteuerung	Steuersatz vom Hundert	Steuersatz vom Tausend	M	₰	Berechnung der Stempelabgabe
1	2	3				4
(29)	Wird der Vertrag auf unbestimmte Zeit oder auf Lebensdauer abgeschlossen, so ist der Berechnung der Gebühr der zwölf- und einhalbfache Betrag des einjährigen Zinses zugrunde zu legen.					
	II Betrifft der Miet- oder Pachtvertrag einen außerhalb Bayerns gelegenen Gegenstand	—	—	2	—	
30	**Notariatsurkunden**, die die Stelle einer nach diesem Tarif besteuerten Verhandlung vertreten, wie diese Verhandlung,					
	sonst und als Mindeststempel in allen Fällen, mit Ausnahme der Tarifnummer 3	—	—	2	—	
31	**Proteste.**[1]					
	I Wechselproteste und Scheckproteste .	—	1	—	—	der Gegenstandssumme.
	mindestens	—	—	1	—	
	II Werden mehrere Wechsel oder Schecks in einer Urkunde protestiert, so berechnet sich der Stempel nach dem Nennwerte jedes einzelnen Wechsels oder Schecks.					
	III Der Stempel ist auch dann zu erheben, wenn nach dem Beginne des Protestakts der Schuldner freiwillig Zahlung leistet oder eine Quittung über die erfolgte Zahlung der Wechsel- oder Schecksumme vorlegt.					
32	**Protokolle der Notare**					
	a) über Verlosungen oder Ziehungen .	—	—	20	—	
	b) über die Generalversammlungen von Aktiengesellschaften oder von Kommanditgesellschaften auf Aktien,					
	wenn das Aktienkapital nicht mehr als 500 000 Mark beträgt . .	—	—	20	—	
	wenn es mehr als 500 000 Mark, aber nicht mehr als 1 Million Mark beträgt	—	—	50	—	

[1]) VB 4. VSt 2.

1	2	3				4
Laufende Nummer	Gegenstand der Besteuerung	Steuersatz vom Hundert	Steuersatz vom Tausend	ℳ	₰	Berechnung der Stempelabgabe
(32)	wenn es mehr als 1 Million Mark, aber nicht mehr als 10 Millionen Mark beträgt	—	—	100	—	
	sonst	—	—	200	—	
	c) über die Versammlungen der Gesellschafter bei Gesellschaften mit beschränkter Haftung,					
	wenn das Stammkapital nicht mehr als 100 000 Mark beträgt	—	—	10	—	
	wenn es mehr als 100 000 Mark, aber nicht mehr als 500 000 Mark beträgt	—	—	20	—	
	sonst	—	—	30	—	
	d) über die Mitgliederversammlungen der Vereine	—	—	10	—	
	e) sonstige wie Notariatsurkunden.					
33	**Prüfungszeugnisse.**[1]	—	—	4	—	
	Befreit sind: Abgangs-, Reife- und Prüfungszeugnisse der öffentlichen Schulen und Lehranstalten.					
34	I **Schiedssprüche**, und zwar sowohl der ständigen Schiedsgerichte als auch der zur Entscheidung für den einzelnen Fall berufenen Schiedsrichter	1/2	—	—	—	des Wertes des Streitgegenstandes.
	mindestens	—	—	2	—	
	Ist der Wert des Streitgegenstandes unschätzbar	—	—	10	—	
	II Wird der Schiedsspruch durch Anrufung eines höheren Schiedsgerichts angefochten, so ist auch der Spruch dieses Schiedsgerichts stempelpflichtig.					
	III Befreit sind Schiedssprüche in Streitigkeiten zwischen Arbeitern und Arbeitgebern.					
35	I **Schuldverschreibungen.**[2]) Notariell beurkundete oder beglaubigte Erklärungen über die Verpflichtung zur Entrichtung einer Geldschuld oder über das Anerkenntnis des Bestehens einer solchen, sofern der Wert des Gegenstandes beträgt					der Schuldsumme oder des Kapitalwerts der Schuld.
	nicht mehr als 2000 Mark . .	—	2	—	—	
	mehr als 2000 Mark	—	3	—	—	

[1]) VSt 2. [2]) VB 4.

1	2	3				4
Laufende Nummer	Gegenstand der Besteuerung	Steuersatz vom Hundert	Steuersatz vom Tausend	ℳ	₰	Berechnung der Stempelabgabe
(35)	II Befreit sind: 1. Beurkundungen über die Verlängerung der Rückzahlungsfrist, wenn es sich um Schuldverschreibungen handelt, die nach Abs. I bereits versteuert sind; 2. Beurkundungen von zinsbaren Darlehen, welche gegen spezielle Verpfändung oder Hinterlegung von edlen Metallen, Waren, Wechseln oder Wertpapieren gegeben werden (Lombarddarlehen); 3. Schuldverschreibungen über Kaufschillinge oder sonstige Forderungen aus zweiseitigen Verträgen, falls diese Verträge versteuert sind und alle wesentlichen Bedingungen des Schuldverhältnisses bereits enthalten; 4. Schuldverschreibungen, die über das der Bestellung einer Hypothek, einer Grundschuld oder Rentenschuld oder eines Schiffspfandrechts zugrunde liegende Schuldverhältnis errichtet werden, wenn für die Bestellung der Hypothek, der Grundschuld, Rentenschuld oder des Schiffspfandrechts oder für die Bewilligung der Eintragung ins Grundbuch oder Schiffsregister der Stempel der Tarifstelle 24 entrichtet ist; 5. Schuldverschreibungen, die vom Schuldner für den neuen Gläubiger ausgestellt werden, wenn nach Bestellung einer Hypothek, Grundschuld, Rentenschuld oder eines Schiffspfandrechts ein Wechsel in der Person des Gläubigers eingetreten ist.					
36	**Sicherstellung** von Forderungen oder Rechten. A. I Urkunden über zinsbare Darlehen, welche gegen Verpfändung oder Hinterlegung von edlen Metallen, Waren, Wech-					

1	2	3				4
Laufende Nummer	Gegenstand der Besteuerung	Steuersatz vom Hundert	Steuersatz vom Tausend	ℳ	₰	Berechnung der Stempelabgabe
(36)	feln oder Wertpapieren gegeben werden (Lombarddarlehen)	—	2/10	—	—	der dargeliehenen Summen
	II Befreit sind: 1. Lombarddarlehen, die vom Deutschen Reiche oder von einem Bundesstaate aufgenommen worden; 2. Beurkundungen über Verlängerungen der Rückzahlungsfrist von Lombarddarlehen, die bereits versteuert sind; 3. Pfanddarlehen öffentlicher Leihhäuser. III Für die Stempelpflicht macht es keinen Unterschied, ob das Lombarddarlehen in Briefform oder in irgend einer anderen Form beurkundet wird und ob die Beurkundung mit Namensunterschrift erfolgt. IV Von mehreren zur Beurkundung eines und desselben Geschäfts ausgestellten Schriftstücken (Pfandschein, Quittung usw.) ist der Stempel nur einmal zu entrichten.					
	B. I Notariell beurkundete oder beglaubigte Erklärungen über die Sicherstellung von Forderungen oder Rechten, insbesondere Bürgschaftserklärungen und Pfandrechtsbestellungen, soweit nicht andere Tarifstellen Anwendung finden, wenn der Wert der sichergestellten Rechte beträgt[1]) nicht mehr als 2000 Mark . . .	—	2	—	—	
	mehr als 2000 Mark	—	3	—	—	
	II Der Stempel darf den für die Beurkundung des sicherzustellenden Rechtes zur Erhebung gelangenden Stempel nicht übersteigen. III Ist der Wert der sichergestellten Rechte nicht schätzbar	—	—	2	—	
	IV Wird eine Forderung oder ein Recht in demselben Schriftstücke durch dieselbe Person oder durch verschiedene					

[1]) VB 4.

1	2	3				4
Laufende Nummer	Gegenstand der Besteuerung	Steuersatz vom Hundert	Steuersatz vom Tausend	ℳ	₰	Berechnung der Stempelabgabe
(36)	Personen mehrfach sichergestellt, so ist die Stempelabgabe nur einmal zu entrichten. V Befreit ist: 1. die Bestellung von Pfandrechten an Forderungen, die im Reichs- oder Staatsschuldbuch eingetragen sind; 2. die Bestellung von Dienstkautionen öffentlicher Beamten; 3. die Bestellung einer Sicherheit durch einen Vormund, Pfleger oder Beistand (§ 1844 des Bürgerlichen Gesetzbuchs) oder durch den Inhaber der elterlichen Gewalt (§ 1668 des Bürgerlichen Gesetzbuchs).					
37	I **Unterhaltsverträge** zwischen dem Vater eines unehelichen Kindes und diesem sowie Verträge über eine an Stelle des Unterhalts zu gewährende Abfindung oder über die Ansprüche der unehelichen Mutter	—	—	2	—	
	II Wird der Vertrag vor dem Vormundschaftsgericht oder einem anderen Gerichte geschlossen, so tritt Stempelbefreiung ein.					
38	I **Verfügungen von Todes wegen,** einschließlich der Erbverträge sowie der im § 2301 Abs. 1 des Bürgerlichen Gesetzbuchs bezeichneten Schenkungsversprechen, Schuldversprechen oder Schuldanerkenntnisse, A. wenn der Wert des Gegenstandes beträgt:					
	nicht mehr als 20 000 Mark . . .	—	—	3	—	
	mehr als 20 000 Mark, aber nicht mehr als 50 000 Mark	—	—	5	—	
	mehr als 50 000 Mark, aber nicht mehr als 75 000 Mark	—	—	10	—	
	mehr als 75 000 Mark, aber nicht mehr als 100 000 Mark	—	—	20	—	
	mehr als 100 000 Mark, aber nicht mehr als 150 000 Mark	—	—	30	—	

1	2	3				4
Laufende Nummer	Gegenstand der Besteuerung	Steuersatz vom Hundert	Steuersatz vom Tausend	ℳ	₰	Berechnung der Stempelabgabe
(38)	mehr als 150 000 Mark, aber nicht mehr als 200 000 Mark	—	—	50	—	
	mehr als 200 000 Mark, aber nicht mehr als 300 000 Mark	—	—	75	—	
	mehr als 300 000 Mark	—	—	100	—	
	B. wenn die Verfügung von Todes wegen lediglich Anordnungen nicht vermögensrechtlicher Art, Nachträge, Ergänzungen und Erläuterungen zu letztwilligen Verfügungen enthält . .	—	—	3	—	
	C. wenn die Verträge und Erklärungen lediglich den Widerruf, die Zurücknahme oder die Aufhebung einer Verfügung von Todes wegen oder einzelner in einer solchen Verfügung enthaltener Anordnungen betreffen . . .	—	—	1	—	
	II Der Hinterlegungsschein ist stempelfrei.					
	III Der Stempel wird nach dem Werte des Vermögens berechnet, über das in der Verfügung verfügt ist. Die auf diesem Vermögen lastenden Schulden werden abgezogen.					
	IV Bei einer gemeinschaftlichen Verfügung werden die Werte der Gegenstände der beiderseitigen Verfügungen zusammengerechnet.					
	V Der Stempel wird bei einem nach § 2231 Nr. 2 des Bürgerlichen Gesetzbuchs errichteten Testament erst nach dem Tode des Erblassers erhoben; er kann jedoch auch bei Lebzeiten des Erblassers von diesem entrichtet werden.[1])					
	VI Für die Wertberechnung maßgebend ist der Zeitpunkt der Errichtung der Verfügung, bei einem nach § 2231 Nr. 2 des Bürgerlichen Gesetzbuchs errichteten Testament der Zeitpunkt des Todes des Erblassers, außer wenn der Stempel bei Lebzeiten des Erblassers entrichtet wird. Soweit die Versteuerung unter amtlicher Überwachung oder durch Behörden oder Beamte einschließlich der Notare statt-					

[1]) VB 10. VSt 5.

1 Laufende Nummer	2 Gegenstand der Besteuerung	3 Steuersatz vom Hundert	vom Tausend	M	Pf	4 Berechnung der Stempelabgabe
(38)	findet, sind der Wertberechnung die Angaben des Steuerpflichtigen zugrunde zu legen. Die Vorschriften der Art. 35, 36 des Gesetzes finden vor der Eröffnung der Verfügung keine Anwendung. Finden sich beim Tode des Erblassers mehrere noch nicht versteuerte Verfügungen von Todes wegen vor, so ist der Stempel nur nach der Verfügung zu entrichten, die für die Erbfolge maßgebend ist.[1])					
	VII Befreit sind die im § 2250 des Bürgerlichen Gesetzbuchs und im § 44 des Reichsmilitärgesetzes bezeichneten Testamente.[2])					
	VIII Ist ein Erbvertrag zwischen Ehegatten oder Verlobten mit einem Ehevertrag in derselben Urkunde verbunden, so wird der Stempel für den Ehevertrag auf den Stempel für den Erbvertrag angerechnet.					
	IX Der Widerruf oder die Zurücknahme oder Aufhebung einer Verfügung von Todes wegen ist stempelfrei, wenn gleichzeitig eine neue Verfügung von Todes wegen errichtet wird.					
39	Notariell beurkundete oder beglaubigte **Vergleiche** wie Verträge.					
40	Besondere **Verleihungen.**					
	A. I **Adelsverleihungen,** und zwar					
	a) Erteilung eines Fürstendiploms .	—	—	20 000	—	
	b) " " Grafendiploms . .	—	—	10 000	—	
	c) " " Freiherrndiploms .	—	—	5 000	—	
	d) " " Ritterdiploms . .	—	—	2 000	—	
	e) Verleihung eines einfachen Adelsdiploms mit dem Prädikat „von"	—	—	1 500	—	
	Bei Verleihungen eines höheren Grades mit Überspringung tieferer ist auch der Stempel der übersprungenen Grade zu entrichten.					
	II Wird die Adelsverleihung mehreren Zweigen einer Familie zugleich zuteil,					

[1]) VB 10. [2]) VSt 5.

1	2	3				4
Laufende Nummer	Gegenstand der Besteuerung	Steuersatz vom Hundert	Steuersatz vom Tausend	ℳ	₰	Berechnung der Stempelabgabe
(40)	so ist der Stempel für jeden einzelnen Zweig besonders zu berechnen.					
	III Der im Abs. I bestimmte Stempel wird auch für die Genehmigung zur Führung des von einem auswärtigen Fürsten an einen Bayer verliehenen Adels erhoben.					
	B. I **Eintragung in die bayerische Adelsmatrikel**					
	bei dem Fürstenstande	—	—	600	—	
	„ „ Grafenstande	—	—	400	—	
	„ „ Freiherrnstande	—	—	200	—	
	„ „ Ritterstande	—	—	100	—	
	„ „ einfachen Adel mit dem Prädikat „von"	—	—	60	—	
	II Die Stempel unter A und B sind auch im Falle der gleichzeitigen Verleihung des Adels an mehrere Zweige einer Familie nur in einfachem Betrage zu entrichten.					
	C. Diplome über die Bewilligung zur **Änderung adeliger Namen oder Wappen**	—	—	200	—	
	Wird die Bewilligung zur Änderung eines adeligen Namens und Wappens gleichzeitig erteilt, so kommt der Stempel nur in einfachem Betrage zur Erhebung.					
	D. **Lehenbriefe**					
	a) bei den Kronämtern	—	—	2000	—	
	b) bei Rentenlehen	—	3	—	—	des zehnfachen Jahresbetrags der Rente.
	c) bei den übrigen Lehen	—	—	20	—	
	E. **Ernennung zum Königlichen Kämmerer**	—	—	60	—	
	zum Königlichen Kammerjunker	—	—	20	—	
	F. **Verleihung von Titeln an Privatpersonen**					
	a) Geheimer Kommerzienrat	—	—	3000 bis 5000	—	
	b) Kommerzienrat	—	—	2000 bis 3000	—	

1	2	3				4
Laufende Nummer	Gegenstand der Besteuerung	Steuersatz vom Hundert	Steuersatz vom Tausend	ℳ	₰	Berechnung der Stempelabgabe
(40)	c) sonstige Titel mit Ausnahme der Hoftitel	—	—	300 bis 3000	— —	
	G. Bewilligung zur **Annahme nichtbayerischer Orden, Titel, Ehrenzeichen oder Würden**	—	—	100	—	
41	**Versteigerungen.**					
	A. I **Zwangsversteigerungen**, gerichtliche, von in Bayern gelegenen Grundstücken oder den Grundstücken gleichstehenden Rechten Versteuerung nach Tarifstelle 23 Abs. I A.					
	II Der Stempel wird auch im Falle des Zuschlags an den bisherigen Eigentümer oder an einen bisherigen Miteigentümer oder Gesamthandsmitberechtigten vom vollen Werte des Gegenstandes erhoben.					
	Im Falle des Zuschlags an den bisherigen Eigentümer beträgt der Stempel	1	—	—	—	
	III Wird bei einer Versteigerung, die zum Zwecke der Auseinandersetzung unter Miteigentümern erfolgt, der Zuschlag einem Miteigentümer erteilt, so bleibt bei Berechnung des Stempels derjenige Teil des Meistgebots außer Betracht, der auf den dem Ersteher bereits zustehenden Anteil an den versteigerten Gegenständen fällt. Im Falle der Gemeinschaft unter Miterben gilt im Sinne dieser Vorschrift jeder Miterbe als Miteigentümer nach Verhältnis seines Anteils am Nachlasse. Die Vorschriften in den Tarifstellen 9 Abs. II Satz 2 und 22 Abs. II Satz 2 finden Anwendung.					
	IV Dem im Abs. I, II bestimmten Stempel unterliegt auch die Beurkundung der Abtretung der Rechte aus dem Meist-					

1	2	3				4
Laufende Nummer	Gegenstand der Besteuerung	Steuersatz vom Hundert	Steuersatz vom Tausend	ℳ	₰	Berechnung der Stempelabgabe
(41)	gebot oder die Erklärung, für einen Dritten geboten zu haben (§ 81 des Gesetzes über die Zwangsversteigerung und die Zwangsverwaltung), sofern nicht der Ansteigerer das Meistgebot erweislich auf Grund eines Auftrags oder einer Geschäftsführung ohne Auftrag für einen Dritten gelegt hat und die Rechte aus dem Meistgebot an diesen Dritten übertragen werden.					
	V Ist die Abtretung oder die Erklärung im Versteigerungstermin erfolgt oder war ein Gläubiger Meistbietender, dem eine durch ein geringeres Gebot nicht vollständig gedeckte Hypothek, Grundschuld oder Rentenschuld zustand, so beträgt der Stempel	—	—	2	—	
	VI Werden bei einer Zwangsversteigerung von in Bayern gelegenen Grundstücken oder den Grundstücken gleichstehenden Rechten bewegliche Sachen oder den beweglichen Sachen gleichstehende Rechte mitversteigert, auf die sich die Beschlagnahme erstreckt, so tritt hinsichtlich dieser Gegenstände Versteuerung nach Tarifstelle 27 Abs. Ib ein, sofern der Wert der beweglichen Sachen oder diesen gleichstehenden Rechte innerhalb einer Frist von zwei Wochen nach der Erteilung des Zuschlags ausgeschieden wird.					
	B. I **Freiwillige Versteigerungen,** soweit sie zum Gegenstande haben:					
	a) Grundstücke oder den Grundstücken gleichstehende Rechte oder Rechte der in der Tarifstelle 23 Abs. II bezeichneten Art Versteuerung nach Tarifstelle 23;					
	b) bewegliche Sachen oder den beweglichen Sachen gleichstehende Rechte, die Zubehör eines Grundstücks sind					

1	2	3				4
Laufende Nummer	Gegenstand der Besteuerung	Steuersatz vom Hundert	Steuersatz vom Tausend	ℳ	₰	Berechnung der Stempelabgabe
(41)	und mit dem Grundstücke versteigert werden Versteuerung nach Tarifstelle 27 Abs. I b. II Der Versteuerung nach Maßgabe der Vorschrift unter b unterliegen auch die von dem Grundstücke getrennten Erzeugnisse und nicht wesentlichen Bestandteile eines Grundstücks, die mit dem Grundstücke versteigert werden. III Die Vorschrift in der Tarifstelle 27 Abs. V findet entsprechende Anwendung.					
	C. I **Sonstige öffentliche Versteigerungen** von beweglichen Sachen oder von Nutzungen, für die nicht die Vorschriften für Grundstücke gelten[1) . .	1	—	—	—	des erzielten Gesamterlöses.
	II Befreit sind: 1. Versteigerungen im Meß- und Marktverkehre, 2. Zwangsversteigerungen, 3. Versteigerungen, die im öffentlichen Auftrag oder die zur Verwertung von Mündelgut von Vormündern vorgenommen werden, 4. Versteigerungen landwirtschaftlicher oder forstwirtschaftlicher Erzeugnisse, sofern es sich um eigene Erzeugnisse handelt und die Versteigeruug nicht anläßlich einer gewerbsmäßigen Güterzertrümmerung erfolgt, 5. Häuteversteigerungen der Metzgergenossenschaften. III Privatpersonen, die eine stempelpflichtige Versteigerung vorzunehmen beabsichtigen, haben spätestens zwei Tage vor deren Beginn der Steuerstelle, in deren Bezirk die Versteigerung stattfinden soll, Ort, Tag und Stunde des Beginns der Versteigerung anzuzeigen. IV Wird die Versteigerung im Auftrag eines anderen vorgenommen, so ist gleichzeitig der Auftraggeber zu benennen.					

[1]) VSt 4.

1 Laufende Nummer	2 Gegenstand der Besteuerung	3 Steuersatz vom Hundert	vom Tausend	ℳ	₰	4 Berechnung der Stempelabgabe
(41)	V Unter welchen Voraussetzungen öffentliche Bedienstete und Gemeindebeamte, die öffentliche Versteigerungen vornehmen, Anzeige zu erstatten haben, wird von der Staatsregierung bestimmt. VI Über jede stempelpflichtige Versteigerung ist eine schriftliche Urkunde aufzunehmen, in der die zum Aufwurfe gebrachten Gegenstände und die hierfür erzielten Preise einzeln vorzutragen sind. VII Wird die Erteilung des Zuschlags versagt oder vorbehalten, so ist dies in der Urkunde zu vermerken. VIII Die Versteigerungsurkunde ist vom Leiter der Versteigerung unmittelbar nach deren Beendigung zur Bestätigung der Richtigkeit des Inhalts, unter Vortrag der Summe der erzielten Preise mit Ziffern und Worten, zu unterzeichnen und binnen längstens einer Woche der Steuerstelle vorzulegen. IX Die Steuerstelle kann zur Versteigerung einen Vertreter abordnen, der die Aufnahme der Versteigerungsurkunde überwacht.					
42	**Verträge,** sonstige. I Notariell beurkundete oder beglaubigte Verträge, die lediglich den Vollzug, die Vervollständigung oder Vollendung eines stempelpflichtigen Vertrags zum Gegenstande haben, wenn sie eine Änderung in Bezug auf die beteiligten Personen, auf den Gegenstand oder die Gegenstandssumme nicht enthalten	—	—	2	—	
	Ist der Stempel für den bereits bewerteten Vertrag niedriger, so ist nur der niedrigere Betrag geschuldet. II Notariell beurkundete oder beglaubigte Verträge über die unbedingte Wiederauflösung eines stempelpflichtigen Vertrags, wenn sie innerhalb einer Frist von drei Monaten nach Abschluß					

1 Laufende Nummer	2 Gegenstand der Besteuerung	3 Steuersatz vom Hundert	3 Steuersatz vom Tausend	3 Steuersatz ℳ	3 Steuersatz ₰	4 Berechnung der Stempelabgabe
(42)	des aufzulösenden Vertrags beurkundet werden	—	—	2	—	
	Ist der Stempel für den aufzulösenden Vertrag niedriger, so ist nur der niedrigere Betrag geschuldet.					
	Nach Ablauf der Frist von drei Monaten ist die Vertragsauflösung als neuer Vertrag zu versteuern.					
	Die Frist von drei Monaten beginnt bei Verträgen, die unter die Tarifstelle 23 Abs. I A fallen, mit dem Abschlusse des Vertrags ohne Rücksicht darauf, ob die Auflassungserklärung im Vertrag enthalten oder später abgegeben ist.					
	III Notariell beurkundete oder beglaubigte Verträge über vermögensrechtliche Gegenstände, wenn keine andere Tarifstelle anwendbar ist, sofern der Wertsgegenstand beträgt					
	nicht mehr als 2000 Mark . .	—	2	—	—	
	mehr als 2000 Mark	—	3	—	—	
43	I **Vollmachten,**[1]) Ermächtigungen und Aufträge zur Vornahme von Geschäften rechtlicher Natur bei Gericht oder Behörden					
	a) bei einem Werte des Gegenstandes der Vollmacht von					
	mehr als 150 Mark, aber nicht mehr als 600 Mark	—	—	—	50	
	mehr als 600 Mark, aber nicht mehr als 1000 Mark	—	—	1	—	
	mehr als 1000 Mark, aber nicht mehr als 3000 Mark	—	—	1	50	
	mehr als 3000 Mark, aber nicht mehr als 6000 Mark	—	—	3	—	
	mehr als 6000 Mark, aber nicht mehr als 10 000 Mark	—	—	5	—	
	mehr als 10 000 Mark, aber nicht mehr als 15 000 Mark	—	—	7	50	
	sonst	—	—	10	—	
	b) wenn die Vollmacht zur Vornahme aller Geschäfte oder gewisser Gattungen von Geschäften für den Vollmacht-					

[1]) M 3. VB 4, 14. VSt 2.

1	2	3				4
Laufende Nummer	Gegenstand der Besteuerung	Steuersatz vom Hundert	Tausend	ℳ	₰	Berechnung der Stempelabgabe
(43)	geber ermächtigt (Generalvollmacht), nach den Sätzen unter a, sofern jedoch der Wert des Gegenstandes beträgt mehr als 15 000 Mark, aber nicht mehr als 100 000 Mark . . .	—	—	15	—	
	mehr als 100 000 Mark	—	—	20	—	
	II Wenn die Vollmacht nur zu Geschäften außerhalb Bayerns ermächtigt, wird nur der halbe Stempel erhoben.					
	III Wenn der Bevollmächtigte in einem Dienst-, Anstellungs- oder Gesellschaftsverhältnisse zum Vollmachtgeber steht und die Vollmacht mit Rücksicht auf dieses Verhältnis erteilt wird, oder der Ehegatte des Vollmachtgebers oder mit ihm in gerader Linie verwandt ist oder als Familienangehöriger den Hausstand des Vollmachtgebers teilt, höchstens	—	—	1	50	
	IV Wenn der Wert des Gegenstandes der Vollmacht nicht schätzbar ist sowie bei Vollmachten zur Vertretung in einem Strafverfahren	—	—	2	—	
	V Die erstmalige Anzeige des Bevollmächtigten an das Gericht oder die Behörde, daß er im Namen seines Auftraggebers handle, wird, wenn ihr eine schriftliche Vollmacht nicht zugrunde liegt, einer schriftlichen Vollmacht gleichgeachtet.					
	VI Zu Vollmachten, in denen mehrere nicht in einer Erben- oder sonstigen Rechtsgemeinschaft oder in einem Gesellschaftsverhältnisse stehende Personen einen Bevollmächtigten bestellen, ist der Stempel so oft zu entrichten, als Vollmachtgeber vorhanden sind.					
	VII Befreit sind:					
	1. Vollmachten, die lediglich zur Entgegennahme von Ladungen, Zusendungen oder Schriftstücken für den Vollmachtgeber ermächtigen,					

1	2	3				4
Laufende Nummer	Gegenstand der Besteuerung	Steuersatz vom Hundert	vom Tausend	ℳ	₰	Berechnung der Stempelabgabe
(43)	2. Vollmachten zur Stellung von Anträgen oder Abgabe von Erklärungen, die sich ausschließlich auf Verlautbarungen im Reichs- oder Staatsschuldbuch beziehen, 3. Untervollmachten (Substitutionen), sofern die ursprüngliche Vollmacht versteuert oder steuerfrei ist und ein entsprechender Vermerk hierüber sich auf der Untervollmacht befindet, 4. Vollmachten im Postscheckverkehr, 5. Vollmachten für das Verfahren vor den Gewerbe- und den Kaufmannsgerichten.					
44	I **Zeugnisse.** a) Zeugnisse und andere Bestätigungen der Notare, über die keine förmliche Notariatsurkunde errichtet wird, sofern sie nicht von Amts wegen zu erteilen sind	—	—	2	—	
	b) Zeugnisse der Amtsärzte[1])	—	—	—	50	
	c) Zeugnisse der Pfarrämter, die auf Grund der bis zum 1. Januar 1876 von diesen geführten Standesregister ausgestellt werden[1])	—	—	—	50	
	II Befreit sind Zeugnisse der Amtsärzte und Pfarrämter, die zum Zwecke der Festsetzung von Ruhe-, Witwen- oder Waisengeldern, Unterhaltsbeiträgen, Unterstützungen und dergleichen erteilt werden.					
45	I **Zustellungsurkunden** der Gerichtsvollzieher über Zustellungen von Willenserklärungen außerhalb eines Rechtsstreits (§ 132 des Bürgerlichen Gesetzbuchs)[2])	—	—	1	—	
	Die Stempelabgabe wird auch erhoben, wenn die Zustellung durch die Post erfolgt (§ 194 der Reichszivilprozeßordnung).					
	II Daneben für die Beglaubigung der Abschrift der zuzustellenden Schriftstücke durch den Gerichtsvollzieher	—	—	—	50	

[1]) VSt 2. [2]) VB 4.

Anhang.

Tabelle

über den gegenwärtigen Kapitalwert einer Rente oder Nutzung im Werte von 1 Mark auf eine bestimmte Anzahl von Jahren.

Anzahl der Jahre	Kapitalwert		Anzahl der Jahre	Kapitalwert		Anzahl der Jahre	Kapitalwert		Anzahl der Jahre	Kapitalwert	
	ℳ	₰		ℳ	₰		ℳ	₰		ℳ	₰
1	1	00,0	22	15	02,9	43	21	18,6	64	23	88,7
2	1	96,2	23	15	45,1	44	21	37,1	65	23	96,9
3	2	88,6	24	15	85,7	45	21	54,9	66	24	04,7
4	3	77,5	25	16	24,7	46	21	72,0	67	24	12,2
5	4	63,0	26	16	62,2	47	21	88,5	68	24	19,4
6	5	45,1	27	16	98,3	48	22	04,3	69	24	26,4
7	6	24,2	28	17	33,0	49	22	19,5	70	24	33,0
8	7	00,2	29	17	66,3	50	22	34,2	71	24	39,5
9	7	73,3	30	17	98,4	51	22	48,2	72	24	45,6
10	8	43,5	31	18	29,0	52	22	61,8	73	24	51,6
11	9	11,1	32	18	58,9	53	22	74,8	74	24	57,3
12	9	76,0	33	18	87,4	54	22	87,3	75	24	62,8
13	10	38,5	34	19	14,8	55	22	99,3	76	24	68,0
14	10	98,6	35	19	41,1	56	23	10,9	77	24	73,1
15	11	56,3	36	19	66,5	57	23	22,0	78	24	78,0
16	12	11,8	37	19	90,8	58	23	32,7	79	24	82,7
17	12	65,2	38	20	14,3	59	23	43,0	80	24	87,2
18	13	16,6	39	20	36,8	60	23	52,8	81	24	91,5
19	13	65,9	40	20	58,5	61	23	62,4	82	24	95,7
20	14	13,4	41	20	79,3	62	23	71,5	83	24	99,7
21	14	59,0	42	20	99,3	63	23	80,3	84 und mehr	25	00,0

Anhang.

1. Bekanntmachung des K. Staatsministeriums der Finanzen über den Vollzug des Kostengesetzes und des Stempelgesetzes.

Vom 23. Dezember 1914.

(GVBl. S. 663 ff.)

Vom 1. Januar 1915 an treten an die Stelle des Gebührengesetzes das Kostengesetz und das Stempelgesetz (Art. 1 Abs. 1 des Gesetzes vom 21. August 1914 über Änderungen im Gebührenwesen GVBl. S. 437). Die zum Vollzuge dieser beiden Gesetze erforderlichen K. Verordnungen werden demnächst im Gesetz- und Verordnungsblatte zur Veröffentlichung gelangen. Unter Bezugnahme hierauf wird bis zum Erscheinen der weiter erforderlichen Vollzugsvorschriften einstweilen nachstehendes bekanntgegeben:

1. Die nach dem Kostengesetze zu erhebenden Kosten werden in der gleichen Weise, wie seither die nach dem Gebührengesetze angefallenen Gebühren und Auslagen erhoben. Auch hinsichtlich der Erhebung der nach dem Reichs-Gerichtskostengesetze zu erhebenden Gebühren und Auslagen sowie hinsichtlich der Erhebung der Geldstrafen tritt gegen seither eine Änderung nicht ein.

2. Die Stempel, die nach den Vorschriften der K. Verordnung über den Vollzug des Stempelgesetzes durch Einzahlung bei einem Notar, bei einem Gerichte, bei einer Verwaltungsbehörde oder bei einem Rentamte zu entrichten sind, sind in der gleichen Weise anzusetzen, zu Soll zu stellen, einzuheben und beizutreiben, wie die bei dem treffenden Notar, dem Ge-

richte, der Verwaltungsbehörde oder dem Rentamte anfallenden Kosten nach dem Kostengesetze, sohin in der gleichen Weise, wie seither die Gebühren.

3. Im Etat Nr. 15 (Erbschaftssteuern, Gebühren, Stempelabgaben, Strafen u. dgl.) für die Jahre 1914 und 1915 sind besondere Verrechnungstitel für die nach dem Stempelgesetze anfallenden Stempel nicht vorgesehen; die Einnahmen an Stempeln sind daher im Jahre 1915 unausgeschieden von den Gebühren auf die einschlägigen Paragraphen des Kap. 2 des Etats Nr. 15 zu verrechnen. Bei dieser Sachlage sind für das Jahr 1915 sowohl bei den Notaren als auch bei den Gerichten, den Verwaltungsbehörden und den Rentämtern noch die bisherigen Gebührenregister und Einzugsregister zu führen.

4. Bei den Notaren und den Gerichten sind die bisherigen Gebührenregister, bei den Gerichten auch die bisherigen Einzugsregister, unverändert in Benützung zu nehmen. Dabei sind Stempel, die an die Stelle von Gebühren getreten sind, für die in den bisherigen Registern besondere Spalten vorgesehen sind, in diesen Spalten zu Soll zu stellen, so z. B. ist bei den Notaren der Stempel der Tarifstelle 23 Abs. 1 A in die Spalten 6, 7, der Stempel der Tarifstellen 2 B, 2 C, 9, 27 Abs. 1 b, 28, 29, 35 und 36 B I in die Spalte 8, der Stempel der Tarifstelle 24 Abs. 1 in die Spalte 10 des notariellen Gebührenregisters, bei den Grundbuchämtern der Stempel der Tarifstellen 2 A Abs. 1 a, 24 Abs. 1 in die Spalte 9 des grundbuchamtlichen Gebührenregisters einzutragen. Andere Stempel sind wie Gebühren in der treffenden Gebührenspalte zu Soll zu stellen; so z. B. ist der Stempel für einen vom Nachlaßgerichte beurkundeten Auseinandersetzungsvertrag in der Spalte 12, der Stempel für eine Vollmacht in einem amtsgerichtlichen Zivilprozesse in der Spalte 6 des amtsgerichtlichen Gebührenregisters, der Stempel für eine Vollmacht in einer Strafsache in der Gebührenspalte des Einzugsregisters vorzutragen.

Die bei den Gerichtsvollziehern anfallenden Stempel (Tarifstellen 31, 45) sind in gleicher Weise zu behandeln, wie die seither dort angefallenen Gebühren nach Art. 196, 282 a des Gebührengesetzes.

5. In den bezirksamtlichen Gebührenregistern sind die Stempel der Tarifstelle 19 in die für die bisherigen besonderen Abgaben bestimmten Spalten einzutragen; die übrigen Stempel, z. B. der Stempel für eine Vollmacht, der Stempel der Tarifstelle 23 Abs. 1 A für eine Einigung im Zwangsenteignungsverfahren (Art. 26 des Ausführungsgesetzes zur Reichszivilprozeßordnung und Konkursordnung) sind in der Spalte 6 für die Gebühren einzustellen. Da die Stempel für die Fischerkarten und die Jagdkarten nicht mehr wie die bisherigen Gebühren für diese Karten bei den Rentämtern, sondern bei den Distriktsverwaltungsbehörden (Bezirksämtern, kreisunmittelbaren Stadtmagistraten) einzuzahlen sind, sind im bezirksamtlichen Gebührenregister zwischen den Spalten 5 und 6 zwei neue Spalten 5 a und 5 b für die Fischerkarten und die Jagdkarten einzufügen. Die gleichen Spalten sind auch in dem Überweisungsverzeichnisse der Gemeindebehörden — Muster A zur Ministerialbekanntmachung vom 12. August 1910 — (FMBl. S. 183, Amtsblatt des Staatsministeriums des Königlichen Hauses und des Äußern und des Innern S. 520) einzufügen. In diesem Überweisungsverzeichnisse ist zugleich eine weitere Spalte „sonstige Stempel" vorzusehen, für die ein Teil des Raumes der Bemerkungsspalte benützt werden kann. In diese Spalte sind sonstige Stempel z. B. Vollmachtsstempel einzutragen. Das Überweisungsverzeichnis Muster B der vorerwähnten Bekanntmachung fällt fort.

Auf die Gebührenregister anderer Verwaltungsbehörden finden die vorstehenden Bestimmungen entsprechende Anwendung.

6. Bei den Abrechnungen der Notare, der Gerichtsschreiber, der Beamten der Verwaltungsbehörden mit dem Rentamte findet eine Ausscheidung der Stempel von den Gebühren nicht statt. Die Abrechnungen können in der bisherigen Weise vorgenommen werden.

7. Im rentamtlichen Gebührenregister erhält die Spalte 6 die überschrift „Stempelersatzabgaben"; in diese Spalte sind sämtliche Stempelersatzabgaben nach den Art. 19 bis 21 des Stempelgesetzes einzutragen. Die Spalte 7 erhält die überschrift „Stempel von Automaten und Musikwerken (Tarifstelle 11)". In die Spalten 8 bis 10, dann 12 und 13 sind die Stempel einzustellen, die an die Stelle der Gebühren getreten sind, für welche die Spalten bisher bestimmt waren. Der Stempel der Tarifstelle 20 A von Familienstiftungen und anderen gebundenen Gütern, als der Aufsicht der Oberlandesgerichte unterstehenden Fideikommissen, sowie die jährliche Abgabe der Tarifstelle 20 B von gebundenen Gütern sind in der Spalte 11 unter den Gebühren vorzutragen. In die Spalte 11 des rentamtlichen Gebührenregisters sind auch sonstige Stempel, insbesondere die Stempel für die privatschriftlichen oder von nichtbayerischen Notaren oder Behörden errichteten Urkunden, die dem Rentamt zur Versteuerung vorgelegt werden, Vollmachtstempel usw., einzutragen.

8. Die von Behörden und Beamten einschließlich der Notare angesetzten Stempel sind auf der stempelpflichtigen Urkunde unter Angabe des erhobenen Betrags, der zur Anwendung gebrachten Tarifstelle und der Gebühren= oder Einzugsregisternummer zu vermerken. Dem Vermerk ist das Amtssiegel beizudrücken. Werden von solchen stempelpflichtigen Urkunden Ausfertigungen oder für die Registergerichte bestimmte Abschriften erteilt, so ist der Vermerk des zur Haupturkunde erhobenen Stempels auch auf den Ausfertigungen oder Abschriften anzubringen.

9. Beglaubigt der Notar eine privatschriftliche stempelpflichtige Urkunde, so hat er nicht nur den Beglaubigungsstempel sondern auch den Geschäftsstempel zu erheben.

10. Die Erhebung des Stempels für eigenhändige Testamente, die erst nach dem Tode des Erblassers versteuert werden (Abs. 5, 6 der Tarifstelle 38), obliegt dem Gerichtsschreiber des Nachlaßgerichts. Der

Stempel wird anläßlich der Testamentseröffnung erhoben.

11. Die Erhebung des Stempels der Tarifstelle 20 A von der Aufsicht der Oberlandesgerichte unterstehenden Fideikommissen obliegt dem Gerichtsschreiber des Oberlandesgerichts, die Erhebung der jährlichen Abgabe der Tarifstelle 20 B von solchen Fideikommissen obliegt dem Rentamt, mit dem der Gerichtsschreiber des Oberlandesgerichts über die Gerichtskosten abrechnet.

Die Erhebung des Stempels der Tarifstelle 20 A von Familienstiftungen obliegt dem Rentamt, in dessen Bezirk die Stiftung ihren Sitz hat, in München dem Stadtrentamt I, in Nürnberg dem Rentamt I.

Zur Erhebung des Stempels der Tarifstelle 20 A von anderen gebundenen Gütern, als der Aufsicht der Oberlandesgerichte unterstehenden Fideikommissen sowie zur Erhebung der jährlichen Abgabe der Tarifstelle 20 B von solchen Gütern ist das Rentamt zuständig, in dessen Bezirk die Gutsverwaltung ihren Sitz hat oder wenn der Sitz der Gutsverwaltung sich nicht in Bayern befindet, das Rentamt, in dessen Bezirk die Grundstücke oder grundstücksgleichen Rechte liegen, in München das Stadtrentamt I, in Nürnberg das Rentamt I.

Die jährliche Abgabe der Tarifstelle 20 B wird als Landeszuschlag zur Reichsabgabe des § 95 des Reichsstempelgesetzes, erstmals im Oktober 1915 erhoben (zu vgl. § 187 der Ausführungsbestimmungen des Bundesrats zum Reichsstempelgesetze).

12. Zur Erhebung des Stempels von privatschriftlichen Urkunden oder von Urkunden nichtbayerischer Behörden oder Beamten einschließlich der nichtbayerischen Notare, die einem Rentamte zur Versteuerung vorzulegen sind, sind alle Rentämter zuständig, in München jedoch nur das Stadtrentamt I, in Nürnberg das Rentamt I. Die Rentämter tragen solche Urkunden in das
Muster A. Anmelderegister Muster A ein; eine Abschrift der Urkunde oder, wenn eine solche nicht vorgelegt wird, eine Vormerkung über den wesentlichen Inhalt der

Urkunde ist dem Anmelderegister als Beilage beizureihen. Alsdann wird der Stempel berechnet, im Gebührenregister zu Soll gestellt und die Urkunde, versehen mit dem Abstempelungsvermerk (Ziff. 8) zurückgegeben.

13. Zur Erhebung des Stempels von Automaten usw. (Tarifstelle 11) ist das Rentamt zuständig, in dessen Bezirk der Automat usw. aufgestellt ist, in München das Stadtrentamt I, in Nürnberg das Rentamt I. Die stempelpflichtigen Automaten usw. sind im Laufe des Monats Januar 1915 beim zuständigen Rentamt anzumelden. Zur Anmeldung ist das anruhende Formular Muster B zu benützen. Die Rentämter haben den erforderlichen Vorrat an solchen Formularen rechtzeitig zu beschaffen und den Beteiligten die Formulare auf Verlangen kostenlos zu verabfolgen. Muster B.

Die Vordrucke zu den Jahreskarten wird das Staatsministerium der Finanzen den Regierungsfinanzkammern zur Verteilung an die einzelnen Rentämter übersenden.

14. Der Stempel für eine privatschriftlich errichtete Vollmacht ist durch Markenverwendung zu entrichten. Ist dagegen eine stempelpflichtige Vollmacht von einem Notar, einem Gericht oder einer Behörde, bei der Kosten nach dem Kostengesetze erhoben werden, errichtet, so ist der Stempel in gleicher Weise, wie die bei dem Notare, dem Gericht oder der Behörde anfallenden Kosten nach dem Kostengesetze sohin in gleicher Weise wie eine dort anfallende Gebühr zu entrichten. Das gleiche gilt, wenn eine privatschriftlich errichtete Vollmacht notariell beglaubigt oder unversteuert oder nicht ausreichend versteuert einem Gericht oder einer Behörde, bei der Kosten nach dem Kostengesetze erhoben werden, eingereicht wird.

Dem Vollmachtstempel unterliegen nach der Tarifstelle 43 nur solche Vollmachten, die zur Vornahme von Geschäften rechtlicher Natur bei Gerichten oder Behörden (bayerischen oder nichtbayerischen) ermächtigen. Die Entstehung der Stempelpflicht ist dabei nicht an die Einreichung der Vollmacht bei dem Gericht oder bei der Behörde (Gebrauch), sondern an die Ausstellung (Errichtung) geknüpft. Dies gilt auch von der in Abs. 5 der Tarifstelle erwähnten Anzeige des Bevollmächtigten an das Gericht oder die Behörde, daß er im Namen seines Auftraggebers handle; auch diese Anzeige wird mit der Ausstellung (Errichtung) nicht erst mit der Einreichung stempelpflichtig. Durch den Gebrauch in Bayern (also durch die Einreichung bei einem bayerischen Gericht oder einer bayerischen Behörde) werden Vollmachten ausnahmsweise nur stempelpflichtig, wenn sie außerhalb Bayerns ausgestellt sind (Art. 2 Abs. 3 Satz 2 des Stempelgesetzes), oder wenn sie vor dem 1. Januar 1915 ausgestellt sind, wenn aber nach diesem Zeitpunkte von ihnen Gebrauch gemacht wird (Art. 3 Abs. 3 des Gesetzes vom 21. August 1914 über Änderungen im Gebührenwesen). Der Eintritt der Stempelpflicht einer Vollmacht durch den Gebrauch (Einreichung) ist jedoch durch § 2 Abs. 2 des Reichs-Gerichtskostengesetzes für alle gerichtlichen Angelegenheiten ausgeschlossen, auf die das Reichs-Gerichtskostengesetz unmittelbare Anwendung findet. Hiernach ist eine Vollmacht der in der Tarifstelle 43 bezeichneten Art stempelpflichtig, wenn sie nach dem 31. Dezember 1914 ausgestellt oder wenn sie zwar vor dem 1. Januar 1915 ausgestellt, aber erst nach dem 31. Dezember 1914 beim Gericht oder bei der Behörde eingereicht ist; letzterenfalls ist jedoch Voraussetzung für die Stempelpflicht, daß die Vollmacht nicht eine Angelegenheit der im § 1 des Reichs-Gerichtskostengesetzes bezeichneten Art betrifft. Das gleiche gilt auch von der im Abs. 5 der Tarifstelle 43 erwähnten Anzeige.

Anzeigen der im Abs. 5 der Tarifstelle 43 erwähnten Art unterliegen der Stempelpflicht nur dann, wenn ihnen nicht eine schriftlich ausgestellte Vollmacht zugrunde liegt. Daß ihnen eine schriftlich ausgestellte Vollmacht zugrunde liegt, wird nicht vermutet, sondern ist nachzuweisen. Der Stempel für die Anzeige ist daher zu erheben, wenn nicht die ihr zugrunde liegende schriftliche Vollmacht dem Gericht oder der Behörde bereits vorliegt oder gleichzeitig vorgelegt wird, oder, wenn nicht der Bevollmächtigte auf der Anzeige den Vermerk anbringt, daß sich eine schriftliche mit ..... Mark .... Pfennig versteuerte Vollmacht seines Auftraggebers in seinen Händen befinde. Die Steuerbehörden sind auf Grund des Art. 61 Abs. 2 des Stempelgesetzes berechtigt, die Vollmacht zur Einsicht sich vorlegen zu lassen.

15. Der Verkauf der Stempelmarken findet bei den Postanstalten statt. Der Zeitpunkt, zu dem bei den Postanstalten mit dem Verkaufe der Stempelmarken begonnen wird, wird vom Staatsministerium der Finanzen bekannt gemacht werden.

Im Jahre 1915 sind bis auf weiteres an Stelle der Stempelmarken die bisherigen Gebührenmarken zu verwenden. Die Verwendung der Stempelmarken und bis auf weiteres der Gebührenmarken geschieht durch Aufkleben an einer in die Augen fallenden Stelle, am zweckmäßigsten auf der ersten Seite und wenn diese nicht genügenden Raum gewährt, auf den nächstfolgenden Seiten der stempelpflichtigen Urkunde. Bei eigenhändigen Testamenten (§ 2231 Nr. 2 BGB.) und bei Testamenten nach §§ 2249, 2250 BGB., die in einen Umschlag gebracht werden, können die Marken auch auf dem Umschlage neben der Aufschrift verwendet werden.

Die Stempelmarken müssen bei der Verwendung entwertet werden. Zu diesem Zwecke sind die Marken mit dem Namen (Familiennamen) oder der Firma des Entwertenden und dem Datum der Verwendung dergestalt zu überschreiben, daß der Vermerk zu beiden Seiten der Marke auf das Papier der Urkunde übergreift. Die Überschreibung ist mit Tinte vorzunehmen. Der Name oder die Firma kann auch durch Stempelaufdruck angebracht werden. Bei der Angabe des Datums sind übliche Abkürzungen z. B. 10. III. 1915 zulässig. Im Falle der Verwendung mehrerer Marken ist jede einzelne Marke gesondert zu entwerten; um dies zu ermöglichen, ist zwischen den einzelnen Marken ein Zwischenraum zu lassen, damit die Entwertungsvermerke seitwärts auf das Papier übergreifen können.

Muster A.

Anmelderegister

des

.... amts ....

über

die Erhebung der Stempelabgaben

für das Rechnungsjahr 19.....

Lfd. Nr.	Tag der Anmeldung	Des Anmelders Name, Stand und Wohnort	Gegenstand der Anmeldung	Hindernis der sofortigen Versteuerung	Betrag der Stempelabgabe		Der Betrag Spalte 6 ist nachgewiesen im Gebührenregister unter Nr. . . .	Vermerk über anderweite Erledigung der Anmeldung	Bemerkungen
					ℳ	₰			
1	2	3	4	5	6		7	8	9

Muster B.

Eingegangen am .... 19......

Anmeldung

de... zu versteuernden Automaten, Musikwerke und Klaviere

de............................ zu ....

Erläuterungen.

1. Die Anmeldung hat spätestens innerhalb eines Monats nach dem Tage der Inbetriebsetzung, erstmals im Januar 1915, zu erfolgen und ist von dem Anmeldenden mit der Versicherung der Richtigkeit der in den Spalten 1 bis 5 gemachten Angaben zu versehen. Bis spätestens Ende Januar jeden Kalenderjahres ist die erteilte Steuerkarte durch Wiedervorlegung an das zuständige Rentamt zu erneuern.
2. Zuständig für die Erteilung der Steuerkarte ist das Rentamt, in dessen Bezirk der Apparat aufgestellt ist, in München das Stadtrentamt I, in Nürnberg das Rentamt I.
3. Warenautomaten sind solche, die für den Einwurf von Geld eine Ware, wenn auch in scherzhafter Form, verabfolgen (z. B. die sog. Hennenautomaten).
   Scherzautomaten sind solche, deren unmittelbarer Zweck der Erregung der Heiterkeit, der Kurzweil und der Unterhaltung dient (z. B. Schieß-, Kegelspielautomaten, Kraftmesser, Elektrisierapparate, Wahrsageautomaten usw.). Automaten, die an sich zu dieser Gattung gehören, sind jedoch nicht abgabepflichtig, wenn sich ihr Betrieb als strafbare Glücksspielveranstaltung darstellt.
   Musikwerke sind automatische Spielwerke, die Musikstücke zum Gehör bringen und ohne Aufwendung einer kunstfertigen Behandlung lediglich durch einen äußeren Vorgang (Einwurf eines Geldstücks, Anwendung eines Hebeldrucks oder von Schlüsseln, Drehen einer Kurbel u. dgl.) in Bewegung gesetzt werden (z. B. Kurbelklaviere, Drehorgeln usw., sofern sie an öffentlichen Orten z. B. in Karussells im Betriebe sind).
   Automaten anderer Art sind solche, bei denen es sich überwiegend um gemeinnützige und wirtschaftlich nützliche Zwecke handelt.
4. Als „Anschaffungspreis" für Musikautomaten und Musikwerke gilt nicht nur der für das Werk, sondern auch der für Zubehörstücke (Platten, Walzen usw.) gezahlte Preis. Die Kosten für die Nachbeschaffung von Walzen und Platten, insoweit die Platten und Walzen nicht den Ersatz für unbrauchbar gewordene Stücke bilden, sind dem stempelpflichtigen Anschaffungspreis hinzuzurechnen. Doch hat infolge solcher Neubeschaffungen eine Nachversteuerung für das laufende Kalenderjahr nicht stattzufinden.

Lfd. Nr.	Automaten			Musikwerke		Erkennungs-	
	Warenautomaten (Zahl der Warenbehälter)	Stereoskop-, Schau- oder Scherzautomaten	Automaten anderer Art	Musikautomaten, mechanische Musikwerke, Klaviere	Anschaffungspreis oder Wert ℳ	Herstellungsfirma	Fabrikmarke und Nummer
1	2			3		4	

Merkmale			Aufstellungsort (Bezeichnung nach Ort, Straße, Hausnummer u. dgl.)	Versteuerter Zeitraum (Jahr)	Nummer der Jahreskarte	Stempelbetrag ℳ	Gebührenregister		Bemerkungen*)
Größenverhältnisse							Nr.	eingetragen am	
Höhe cm	Breite cm	Tiefe cm							
			5	6	7	8	9		10

*) Die Spalten 1 bis 5 sind von den Anmeldenden, die Spalten 6 bis 9 vom Rentamt auszufüllen. Die Spalte 10 dient zur Aufnahme von Bemerkungen des Anmeldenden und des Rentamts.

2. K. Verordnung zum Vollzuge des Reichs-Gerichtskostengesetzes und des Kostengesetzes vom 21. August 1914.

Vom 28. Dezember 1914.

(GVBl. 1914 S. 677).

---

§ 1. Die Aufsicht über das Kostenwesen (die Erhebung der im Reichs-Gerichtskostengesetz und im Kostengesetze vom 21. August 1914 bestimmten Gebühren und Auslagen einschließlich der Geldstrafen und durchlaufenden Gelder) obliegt den Finanzbehörden unter der Leitung des Staatsministeriums der Finanzen.

§ 2. I Bei den Gerichten wird die Behandlung des Kostenwesens den Gerichtsschreibern übertragen. Im Falle des Bedürfnisses kann das Staatsministerium der Justiz bei einzelnen Gerichten besondere rechnungsführende Gerichtsschreiber bestellen. Die Kostengeschäfte der Staatsanwaltschaft werden von dem Gerichtsschreiber, der die Kostengeschäfte des Gerichts versieht, mitbesorgt.

II Den Gerichtsschreibern obliegt der Ansatz und die Einhebung der Kosten, Geldstrafen und durchlaufenden Gelder, die Wegrechnung der eingegangenen durchlaufenden Gelder und die Ablieferung der für die Staatskasse eingehobenen Beträge an das Rentamt.

III Die Rückstände sind von den Rentämtern zwangsweise beizutreiben. Auf Ersuchen der Staatsanwälte und der Amtsrichter haben die Rentämter auch die zwangsweise Beitreibung der in Strafsachen anfallenden Geldstrafen zu bewirken. Die Rentämter haben sich dabei regelmäßig ihrer eigenen Vollstreckungsorgane zu bedienen, denen bei der Vornahme von Vollstreckungshandlungen die Eigenschaft von Gerichtsvollziehern zukommt.

IV Den Staatsministerien der Justiz und der Finanzen bleibt überlassen, bei einzelnen Gerichten den

Gerichtsschreibern auch die zwangsweise Beitreibung der Kosten, Geldstrafen und durchlaufenden Gelder zu übertragen sowie zu bestimmen, daß die in Strafsachen anfallenden Geldstrafen von den Gerichtsschreibern zwangsweise beizutreiben sind.

§ 3. I Bei den Notariaten besorgt das Kostenwesen der Notar. Ihm obliegt der Ansatz und die Einhebung der Kosten. Die zwangsweise Beitreibung erfolgt durch das Rentamt.

II Die vom Notar für die Staatskasse eingehobenen Beträge sind an das Rentamt abzuliefern.

§ 4. I Bei den Bezirksämtern, den exponierten Bezirksamtsassessoren, den Regierungen, Kammern des Innern, Kammern der Finanzen und Kammern der Forsten, besorgt das Kostenwesen ein Beamter dieser Ämter und Stellen, der nach den Bestimmungen über die Verteilung der Geschäfte hierzu berufen wird.

II Den im Abs. 1 bezeichneten Beamten obliegt der Ansatz und die Einhebung der Kosten, Geldstrafen und durchlaufenden Gelder, die Wegrechnung der eingegangenen durchlaufenden Gelder und die Ablieferung der für die Staatskasse eingehobenen Beträge an das Rentamt. Bei den Bezirksämtern und den exponierten Bezirksamtsassessoren werden die Rückstände zur zwangsweisen Beitreibung dem Rentamt überwiesen; bei den Regierungen besorgt die zwangsweise Beitreibung der im Abs. 1 bezeichnete Beamte.

§ 5. I Den Rentämtern, den Kreiskassen und der Zentralstaatskasse obliegt der Ansatz, die Einhebung und die zwangsweise Beitreibung der bei ihnen anfallenden Kosten, Geldstrafen und durchlaufenden Gelder.

II Den Rentämtern, den Kreiskassen und der Zentralstaatskasse obliegt die Verrechnung der von ihnen eingehobenen oder ihnen abgelieferten Beträge.

§ 6. I Auf die Behandlung des Kostenwesens bei anderen staatlichen Ämtern und Stellen als den in den §§ 4, 5 bezeichneten, finden die Vorschriften im § 4 entsprechende Anwendung. Rückstände werden dem Rentamte zur zwangsweisen Beitreibung überwiesen.

II Das Staatsministerium der Finanzen ist ermächtigt, im Benehmen mit den beteiligten anderen Staatsministerien abweichende Anordnungen zu treffen.

III Über die Behandlung des Kostenwesens bei den Staatsministerien, bei den Gesandtschaften, bei dem Verwaltungsgerichtshofe, ferner bei den Behörden und Stellen der Verwaltung der Zölle und indirekten Steuern, der Verwaltung der staatlichen Berg-, Hütten- und Salzwerke und der Post- und Eisenbahnverwaltung können durch das Staatsministerium der Finanzen im Benehmen mit den beteiligten anderen Staatsministerien besondere Regelungen getroffen werden.

§ 7. I Die Gerichtsschreiber, ferner die nach § 4 Abs. 1 bestellten Beamten mit Ausnahme jener bei den Bezirksämtern und den exponierten Bezirksamtsassessoren besorgen die Geschäfte des Kostenwesens unter eigener Verantwortung. Sie unterstehen jedoch auch in Ansehung der Kostengeschäfte der allgemeinen Dienstaufsicht.

II Die nach § 4 Abs. 1 bei den Bezirksämtern und den exponierten Bezirksamtsassessoren bestellten Beamten besorgen die Geschäfte des Kostenwesens unter der Haftung und der Verantwortlichkeit der Amtsvorstände.

III Die Gerichtsschreiber und die nach § 4 Abs. 1 bestellten Beamten sind, soweit sich nicht aus gesetzlichen Vorschriften etwas anderes ergibt, verpflichtet, den ihnen zugehenden Weisungen der Finanzstellen zu entsprechen.

§ 8. Die Finanzstellen sind berechtigt, bei den Gerichten, den Notaren und den Verwaltungsbehörden jederzeit durch beauftragte Beamte die Behandlung des Kostenwesens insbesondere die Richtigkeit der Kostenansätze prüfen, von den Akten, Urkunden, Büchern und Listen Einsicht nehmen und die in amtlicher Verwahrung befindlichen Gelder sich vorzeigen zu lassen. Die Gerichtsschreiber, die Notare sowie die im § 4 Abs. 1 bezeichneten Beamten sind verpflichtet, den Finanzstellen und deren abgeordneten Beamten dienstliche Aufschlüsse jeder Art zu geben sowie den Finanzstellen zur Verbescheidung der Bedenken die erforderlichen Akten und Urkunden in Vorlage zu bringen oder, falls die Vorlage von Urkunden aus besonderen Gründen nicht tunlich sein sollte, die Anfertigung von Urkundenabschriften zu gestatten.

§ 9. Hinsichtlich der Gebühren, die von den Beteiligten außer den für die Staatskasse zu verrechnenden Gebühren wegen der Bemühung einzelner Personen bei der Erledigung der Geschäfte zu entrichten sind (Art. 5 des Kostengesetzes), dann hinsichtlich der Gebühren für die Aufbewahrung der bei den Gerichten, den Notaren oder gemäß Art. 76 Abs. 3 des Gesetzes zur Ausführung des Reichs-Gerichtsverfassungsgesetzes bei der Königlichen Bank oder bei Kassen des Staates hinterlegten Gelder und Wertpapiere (Art. 162 des Kostengesetzes) bewendet es bei den bestehenden Vorschriften.

§ 10. I Die Schreibgebühr für Schriftstücke, die in fremden Sprachen abgefaßt sind, für Schriftstücke in tabellarischer Form sowie für Verzeichnisse, Listen, Rechnungen, Handzeichnungen (§ 80 Satz 2 des Reichs-Gerichtskostengesetzes, Art. 38 Satz 5, Art. 171 Abs. 2 Satz 5 des Kostengesetzes) beträgt 50 Pfennig bis 2 Mark für jede angefangene Seite. Das gleiche gilt von der Schreibgebühr für Schriftstücke, deren Fertigung besondere paläographische Kenntnisse erfordert (Art. 171 Abs. 2 Satz 5 des Kostengesetzes).

II Der Betrag der Schreibgebühr wird vom Gericht oder von der Behörde festgesetzt.

§ 11. I Den Distriktsverwaltungsbehörden sind im Sinne des Art. 153 des Kostengesetzes gleichzuachten:

die Amtsgerichte, die Landgerichte, die Staatsanwaltschaften bei den Landgerichten, die Kreisarchive, die Bezirksbergämter, die Lokalbaukommission der K. Haupt- und Residenzstadt München, die Hauptzollämter, die Rentämter, die Kreiskassen und die Inspektionen bei der Staatseisenbahnverwaltung.

II Als Mittelstellen im Sinne des Art. 154 des Kostengesetzes gelten:

die Gesandtschaften, die Oberlandesgerichte, die Oberstaatsanwälte bei den Oberlandesgerichten, der Generalstaatsanwalt bei dem Obersten Landesgerichte, die Kreisregierungen, die Konsistorien, das Oberkonsistorium, das Geheime Hausarchiv, das Geheime Staatsarchiv, das Allgemeine Reichsarchiv, das Oberbergamt, die Zentralstaatskasse, die Generaldirektion der Berg-, Hütten- und Salzwerke, die Generaldirektion der Zölle und indirekten Steuern, die Direktion der Staatsschuldenverwaltung, das Katasterbureau, die Ämter der Verkehrsanstalten, die Eisenbahndirektionen und die Oberpostdirektionen.

III Das Staatsministerium der Finanzen ist ermächtigt, im Einvernehmen mit den übrigen beteiligten Staatsministerien, von dem Vorbehalt im Art. 155 des Kostengesetzes noch weiteren Gebrauch zu machen.

§ 12. I Auf Grund des Art. 174 Abs. 2 des Kostengesetzes wird für die Gebührenerhebung bei den Gemeindebehörden, die einem Bezirksamt unterstehen, bestimmt:

1. Die Gebühren des Art. 153 Abs. 1 Ziff. 1 und 4 werden in allen nicht gebührenfreien Angelegenheiten der inneren und Finanzverwaltung sowie der Verwaltungsrechtspflege erhoben. Das gleiche gilt für die Gebühr des Art. 153 Abs. 1 Ziff. 2, soweit das Kostengesetz nicht eine besondere Gebühr ausdrücklich festsetzt.
2. Die Gebühr des Art. 153 Abs. 1 Ziff. 3 gelangt zur Erhebung bei Gesuchen
   a) um Verleihung des Gemeindebürgerrechts (Art. 10 bis 17 / Art. 11 bis 13 der Gemeindeordnungen),
   b) um die Bewilligung zur Unterhaltung des öffentlichen Verkehrs innerhalb der Orte durch Wagen und andere Transportmittel sowie zum gewerbsmäßigen Anbieten von Dienstleistungen auf öffentlichen Straßen und Plätzen (§ 37 der Reichsgewerbeordnung),
   c) um die Erlaubnis zum Feilbieten geistiger Getränke nach § 42a Abs. 3 und § 56 Abs. 2 Ziff. 1 der Reichsgewerbeordnung,
   d) um die Ausstellung von Legitimationsscheinen

der im § 43 der Reichsgewerbeordnung bezeichneten Art,

e) um die Erlaubnis, auf den Straßen oder sonst im Umherziehen öffentlich Musik aufzuführen, Schaustellungen, Vorstellungen oder sonstige Lustbarkeiten öffentlich darzubieten (§§ 33 b, 60 a der Reichsgewerbeordnung),

f) um die Genehmigung zum Verkaufe geistiger Getränke zum sofortigen Genuß auf Jahrmärkten (§ 67 Abs. 2 der Reichsgewerbeordnung),

g) um die Erlaubnis zum Feilhalten von Waren gemäß § 59 Abs. 1 Ziff. 4 der Reichsgewerbeordnung und § 30 Abs. IV der Verordnung vom 29. März 1892, den Vollzug der Reichsgewerbeordnung betr.,

h) um Änderung der Polizeistunde (§ 2 Abs. 1, 2, § 4 Abs. 2 der Verordnung vom 5. Februar 1908, die Polizeistunde betr.),

i) um Tanzmusikbewilligung (§ 3 Abs. 2 der Verordnung vom 18. Juni 1862, die Abhaltung öffentlicher Tanzmusiken betr.),

k) um die Bewilligung zur Veranstaltung sonstiger öffentlicher Lustbarkeiten, soweit solche nicht unter den § 55 der Gewerbeordnung fallen (Art. 32 Abs. 1 Ziff. 1 des Polizeistrafgesetzbuchs und § 15 der Verordnung vom 4. Januar 1872, die Zuständigkeit der Verwaltungsbehörden in Sachen des Strafgesetzbuchs und Polizeistrafgesetzbuchs betreffend), dann zur Veranstaltung von Nachtmusiken auf öffentlichen Straßen und Plätzen (Art. 36 Ziff. 1 des Polizeistrafgesetzbuchs).

II In den Fällen unter d und i darf jedoch bei Bewilligung des Gesuchs die Beschlußgebühr nicht neben der in Art. 165, Art. 168 des Kostengesetzes bestimmten Gebühr erhoben werden.

§ 13. Die Entscheidungen der Staatsministerien über die Verpflichtung zur Entrichtung von Kosten in den Angelegenheiten der Justiz-, inneren und Finanzverwaltung oder über die Höhe dieser Kosten (Art. 183

Abs. 2 des Kostengesetzes) ergehen, sofern sie nicht vom Staatsministerium der Finanzen in eigener Zuständigkeit zu treffen sind, im Einvernehmen mit dem Staatsministerium der Finanzen.

§ 14. Wo das Gesetz für den Ansatz einer Gebühr einen Spielraum gewährt, hat das Gericht oder die Behörde die Entscheidung über den von ihr nach Maßgabe des Art. 185 des Kostengesetzes zu bestimmenden Betrag in den kostenpflichtigen Beschluß mitaufzunehmen oder dem Beschluß oder der Beurkundung (dem Zeugnis, Auszug, der Abschrift usw.) am Rande beizusetzen.

§ 15. Die Entscheidung darüber, ob ein Gegenstand als Amts- oder Parteisache (Art. 3 Ziff. 1 des Kostengesetzes) oder als Armensache (Art. 4 des Kostengesetzes) zu behandeln ist, kommt vorbehaltlich des Erinnerungs- und Beschwerderechts der Finanzbehörden der in der Hauptsache zuständigen Behörde, bei Amtshandlungen des Notars diesem zu.

§ 16. I Die Notare erhalten für die Besorgung des Kostenwesens und zur Bestreitung der damit verbundenen Auslagen eine Vergütung von zwei vom Hundert der von ihnen eingehobenen und die Staatskasse abgelieferten Einnahme an Gebühren.

II Wird ein vom Notar eingehobener und an die Staatskasse abgelieferter Betrag an den Kostenpflichtigen zurückerstattet, so ist die hierauf treffende Vergütung zurückzuersetzen.

III Die Vergütung fällt dem Pensionsvereine für die bayerischen Notare und dem Pensionsvereine für die Witwen und Waisen der bayerischen Notare zu. Die Vorschriften über die Verteilung auf die beiden Vereine werden von den Staatsministerien der Justiz und der Finanzen erlassen.

§ 17. Die zum Vollzuge des Kostengesetzes und dieser Verordnung erforderlichen weiteren Vollzugsanordnungen erläßt das Staatsministerium der Finanzen im Benehmen mit den übrigen Staatsministerien.

§ 18. Diese Verordnung tritt am 1. Januar 1915 in Kraft.

Vom gleichen Zeitpunkt an werden die Verordnung vom 23. Dezember 1899, die Ausführung des Reichs-Gerichtskostengesetzes und des Gesetzes über das Gebührenwesen betr. (GVBl. S. 1223), die Verordnung vom 15. September 1879, die Verwendung von Gebührenmarken betr. (GVBl. S. 1171), die Verordnung vom 20. September 1879, die gebührenpflichtigen Angelegenheiten der einer Distriktspolizeibehörde untergeordneten Gemeinden betr. (GVBl. S. 1187) aufgehoben.

---

3. K. Verordnung zum Vollzuge des Stempelgesetzes vom 21. August 1914.

Vom 28. Dezember 1914.

(GVBl. 1914 S. 684).

---

§ 1. I Die Aufsicht über das Stempelwesen obliegt den Finanzbehörden unter der Leitung des Staatsministeriums der Finanzen.

II Die Befugnisse und Obliegenheiten, die das Gesetz oder der Tarif den Steuerstellen zuweist, werden von den Rentämtern, die Befugnisse und Obliegenheiten, die das Gesetz den Aufsichtsbehörden zuweist, werden von den Regierungsfinanzkammern wahrgenommen.

§ 2. I Der Stempel ist vorbehaltlich der besonderen Anordnungen in den §§ 3 bis 5 zu entrichten:

1. durch Verwendung von Stempelmarken

in den Fällen

der Tarifstelle 15 (Diplome der Doktoren und Lizentiaten),

der Tarifstelle 31 (Proteste), wenn der Protest von einem Postbeamten errichtet ist,

der Tarifstelle 33 (Prüfungszeugnisse),

der Tarifstelle 36 A (Urkunden über Lombarddarlehen),

der Tarifstelle 43 (Vollmachten), außer wenn die Vollmacht von einem Notar, einem Gericht oder einer Behörde, bei der Verwaltungskosten erhoben werden, beurkundet ist,

der Tarifstellen 44 b und 44 c (Zeugnisse der Amtsärzte und der Pfarrämter),

2. durch Einzahlung beim Notar oder Gerichtsvollzieher,

wenn die stempelpflichtige Urkunde von einem Notar oder Gerichtsvollzieher errichtet oder von einem Notar beglaubigt oder wenn ein privatschriftliches, noch nicht versteuertes Inventar oder Vermögensverzeichnis einer notariellen Urkunde als Beilage beigereiht ist,

3. durch Einzahlung bei dem Gericht oder der Behörde nach Maßgabe der für die Erhebung der Gerichts- oder Verwaltungskosten bestehenden Vorschriften,

wenn die stempelpflichtige Urkunde von einem Gericht oder einer Behörde, bei der Verwaltungskosten erhoben werden, errichtet ist,

4. durch Vorlage der stempelpflichtigen Urkunde an ein Rentamt und Einzahlung des geschuldeten Betrags in den übrigen Fällen.

II Wird eine stempelpflichtige Urkunde, für die der Stempel nach Abs. 1 Ziff. 1, 4 durch Verwendung von Stempelmarken oder durch Einzahlung an ein Rentamt zu entrichten ist, nicht oder nicht ausreichend versteuert einem Gericht oder einer Behörde, bei der Verwaltungskosten erhoben werden, eingereicht, so ist der Stempel bei dem Gericht oder der Behörde nach der Vorschrift im Abs. 1 Ziff. 3 zu erheben.

§ 3. I Der Stempel der Tarifstelle 20 A ist durch Einzahlung zu entrichten und zwar,

soweit es sich um Familienfideikommisse handelt, die der Aufsicht der Oberlandesgerichte unterstehen, beim rechnungsführenden Gerichtsschreiber des Oberlandesgerichts,

in den übrigen Fällen beim Rentamte.

III Die jährliche Abgabe der Tarifstelle 20 B ist durch Einzahlung beim Rentamte zu entrichten.

§ 4. Der Stempel der Tarifstelle 41 C für nicht notariell beurkundete öffentliche Mobiliarversteigerungen ist durch Einzahlung beim Rentamte zu entrichten. Das gleiche gilt vom Stempel der Tarifstelle 8 im Falle der Übertragung des Eigentums an einem Grundstücke, das im Grundbuche nicht eingetragen ist und nach den Vorschriften der Grundbuchordnung nicht eingetragen zu werden braucht (Tarifstelle 8 Abs. 5), wenn die Erklärungen des Erwerbers und des Veräußerers nicht durch einen Notar beurkundet sind.

§ 5. I Der Stempel der Tarifstelle 38 für ein nach § 2231 Nr. 2 des Bürgerlichen Gesetzbuchs errichtetes Testament, das erst nach dem Tode des Erblassers versteuert wird, ist durch Einzahlung beim rechnungsführenden Gerichtsschreiber des Nachlaßgerichts zu entrichten.

II Der Stempel der Tarifstelle 38 für ein nach § 2231 Nr. 2 des Bürgerlichen Gesetzbuchs errichtetes Testament, das bei Lebzeiten des Erblassers versteuert wird, ist durch Verwendung von Stempelmarken zu entrichten.

III Die im Abs. 2 bezeichnete Art der Stempelentrichtung tritt auch ein bei Verfügungen von Todes wegen, die nach den §§ 2249, 2250 des Bürgerlichen Gesetzbuchs vor dem Gemeindevorsteher oder vor drei Zeugen errichtet sind.

§ 6. Die Stempelersatzabgaben sind durch Einzahlung bei dem nach Art. 22 Abs. 1, 2 des Stempelgesetzes zuständigen Rentamte zu entrichten.

§ 7. In den Fällen, in denen der Stempel bei einem Gerichtsvollzieher oder bei einer Gemeindebehörde einzuzahlen ist, obliegt dem Gerichtsvollzieher oder der Gemeindebehörde auch die zwangsweise Beitreibung.

§ 8. I Die Stempelmarken lauten auf Wertbeträge von 10, 20, 30, 40 und 50 Pfennige sowie von 1, 2, 3, 4, 5, 10 und 20 Mark.

II Der Verkauf der Stempelmarken wird den Postanstalten übertragen.

§ 9. Die Stempelmarken sind bei der Verwendung zu entwerten.

§ 10. Über die Gewährung der in Art. 2 Abs. 4, Art. 3 Abs. 2 des Stempelgesetzes erwähnten Begünstigungen entscheidet das Staatsministerium der Finanzen.

§ 11. Als größere Seen im Sinne der Tarifstelle 21 Abs. 3 des Tarifs zum Stempelgesetze sind anzusehen der Starnbergersee, der Ammersee, der Chiemsee, der Simsee, der Wagingersee, der Kochelsee, der Staffelsee.

§ 12. I Behörden und Beamte einschließlich der Notare haben in den Fällen, in denen ihnen die Erhebung des Stempels obliegt, auf der stempelpflichtigen Urkunde den Betrag des erhobenen Stempels unter Angabe der zur Anwendung gebrachten Tarifstelle zu vermerken. Werden von solchen Urkunden Ausfertigungen erteilt, so ist der Vermerk des für die Haupturkunde erhobenen Stempels auch auf diesen anzubringen.

II In den Fällen, in denen der Tarif für die Bemessung des Stempels einen Spielraum gewährt (Tarifstelle 19, 40), hat die beurkundende Behörde die Entscheidung über den von ihr nach Art. 26 des Stempelgesetzes zu bestimmenden Betrag der Beurkundung beizufügen.

§ 13. I Die Notare erhalten für die Besorgung des Stempelwesens und zur Bestreitung der damit verbundenen Auslagen aus der Staatskasse eine Vergütung. Die Vergütung beträgt

zwei vom Hundert von den ersten 80 000 ℳ,
eins vom Hundert von dem diese Summe übersteigenden Betrage

der im Laufe des Jahres von ihnen eingehobenen und an die Staatskasse abgelieferten Stempeleinnahmen.

II Wird ein vom Notar eingehobener und an die Staatskasse abgelieferter Betrag an den Stempelpflichtigen zurückerstattet, so ist die hierauf treffende Vergütung zurückzuersetzen.

III Die Vergütung fällt dem Pensionsvereine für die bayerischen Notare und dem Pensionsvereine für die Witwen und Waisen der bayerischen Notare zu. Die Vorschriften über die Verteilung auf die beiden Vereine werden von den Staatsministerien der Justiz und der Finanzen erlassen.

§ 14. I Die Gemeinden erhalten für die Besorgung des Stempelwesens und zur Bestreitung der damit verbundenen Auslagen aus der Staatskasse eine Vergütung von zwei vom Hundert der von ihnen eingehobenen und an die Staatskasse abgelieferten Stempeleinnahmen.

II Wird ein eingehobener und an die Staatskasse abgelieferter Betrag an den Stempelpflichtigen zurückerstattet, so ist die hierauf treffende Vergütung zurückzuersetzen.

§ 15. Der Postverwaltung wird für den Verkauf der Stempelmarken durch die Postanstalten eine Vergütung von zwei vom Hundert der aus dem Markenverkauf erzielten Stempeleinnahmen gewährt.

§ 16. Die zum Vollzuge des Stempelgesetzes und dieser Verordnung erforderlichen weiteren Vollzugsanordnungen erläßt das Staatsministerium der Finanzen im Benehmen mit den beteiligten übrigen Staatsministerien.

§ 17. Diese Verordnung tritt am 1. Januar 1915 in Kraft.

Alphabetisches Register.

Die Zahlen bezeichnen die Artikel, Tarifnummern oder Paragraphen.

Abkürzungen:

M = Einführungsgesetz (Mantelgesetz) vom 21. August 1914.
K = Kostengesetz.
St = Stempelgesetz.
T = Stempeltarif.
VB = Bek. vom 28. Dezember 1914 zum Kosten- und Stempelgesetz.
VK = VO. vom 28. Dezember 1914 zum Vollzug des Reichsgerichtskostengesetzes und des Kostengesetzes vom 21. August 1914.
VSt = VO. vom 28. Dezember 1914 zum Vollzug des Stempelgesetzes.

A.

B.

D.

P.

R.

S.

Kolibri 360 GmbH
Ferdinand-Jühlke-Straße 7
99095 Erfurt, Deutschland
produktsicherheit@kolibri360.de